땅에 쓴 글씨

땅에 쓴 글씨

초판 1쇄 인쇄 _ 2015년 10월 23일
초판 1쇄 발행 _ 2015년 10월 30일

지은이 _ 송창근, 김재준, 김정준, 임인수, 김경수, 문익환, 고정희

엮은이 _ 한신 시문학회

펴낸곳 _ 바이북스
펴낸이 _ 윤옥초

ISBN _ 979-11-5877-001-3 03230

등록 _ 2005. 7. 12 | 제 313-2005-000148호

서울시 영등포구 선유로49길 23 아이에스비즈타워2차 1005호
편집 02)333-0812 | 마케팅 02)333-9918 | 팩스 02)333-9960
이메일 postmaster@bybooks.co.kr
홈페이지 www.bybooks.co.kr

책값은 뒤표지에 있습니다.

책으로 아름다운 세상을 만듭니다. ― 바이북스

땅에 쓴 글씨

한신 시문학회 엮음

송창근

김재준

김정준

임인수

김경수

문익환

고정희

거북스
ks

예수는 시인이다.

시인은 혁명가이다.

땅에 하늘을 몸으로 쓰는 사람이다.

예수가 땅 위에 쓴 글은 하늘이다.

하나님의 형상으로 지음 받은 존재로서, 떡만이 아닌 말씀으로 살아야 할 인간이 하늘을 잊었다.

하늘의 중력으로부터 벗어나 땅의 중력에 끌려 살고 있다.

자신을 돌아보지 못하고 타인을 향한 미움의 돌을 이제는 내려놓아야 한다. 그리고 주님이 땅에 쓴 하늘을 읽어야 한다.

무릎 꿇은 여인 너머의 하늘을 보고 광야같이 메마른 마음밭에 말씀의 꽃을 피워내야 한다.

지난날 한신인의 가슴에 예수의 뜨거운 혼을 전해주셨던 믿음의 스승, 그리고 선배 들의 75편의 시를 정성껏 모았다. 이 시들이 오늘 분노와 좌절의 시대를 살아가는 지친 이들에게 따뜻한 위로와 한줄기 희망이 되었으면 좋겠다.

책의 탄생을 위해 한 여름 무더위에 땀 흘리신 '한신韓神 시문학회' 회원들과 사랑을 모아 주신 분들께 깊은 감사를 드린다.

2015년 10월

임마누엘 수유동산에서

연규홍

그림자와 같은
하늘 음성.
음성만 남기고
보물처럼 떠나신,
하늘 시인 몇 분의
시를 모아
여기 흔적의 꽃을
하늘에 남기렵니다.

무지개와 같은 음성입니다.

그러나 다시 귀에 담으면
천상의 보물이 됩니다.

황금찬 시인

시를 품고 쓰는 마음을 시심詩心이라 할 때 시심의 눈은 선하고 맑다. 선하고 맑은 눈으로 세상 만물을 대할 때 시다운 시를 품고 쓰게 된다. 또한 시심의 심장은 간절하고 절실하다. 간절하고 절실한 마음이 그에 걸맞은 말을 만날 때 감동적인 시가 된다. 세상 만물을 대하는 선하고 맑은 눈과 간절하고 절실한 마음은 신앙인에게도 기본적으로 요구되는 덕목일 것이다.

가령 "시 쓰다 말고 나는 나의 두뇌와 눈 / 귀와 입안을 맑은 물에 헹구고 있다"(김경수, 〈못 자국〉)는 시를 쓰는 자세를 말하면서 참되게 신앙생활을 하는 자세를 밝히고 있다. 또한 "간절한 땅을 딛고 서서 / 발바닥은 불이 됩니다 / 몸은 선 채로 타는 제물이 됩니다"(문익환, 〈땅의 평화〉)는 간절한 신심信心이 시심과 혼연일체가 된 모습을 보여준다. 이렇듯 신심과 시심이 하나된 모습을 이 시선집 시편들은 다양하고 곡진하게 보여준다.

최두석 시인

　신학은 우리를 향한 하나님의 사랑에 대해 놀라는 학문입니다. 이 공부를 하고 세상에 나가 교회는 물론 여러 분야에서 섬기는 주님의 제자들은 모두가 하나님의 사랑에 대해 감격해 뛰는 분들입니다. 가만히 앉아 있지 못하고 언제나 주님 부르시는 그 길의 도상에서 움직이시지요. 여기 시들은 특히 한국에서 태어나 한국의 상황에서 행동하고 외친 가슴의 말들입니다.

　이스라엘이 하나님의 부르심에 대한 감격으로 시를 읊고 노래하고 춤춘 다윗 때문에 신나듯이, 우리도 이런 신학적 시를 남긴 조상들 때문에 힘 나고 신명 납니다.

　우리 하나님은 얼마나 크신지 이 시로도 모자라니 우리도 모두 이 시를 읽고 시인이 되어 주 하나님을 또 높이기를 바랍니다.

서재일 목사

그들이 이렇게 말함은 고발할 조건을 얻고자 하여

예수를 시험함이러라 예수께서 몸을 굽히사

손가락으로 땅에 쓰시니 그들이 묻기를 마지 아니하는지라

이에 일어나 이르시되 너희 중에 죄 없는 자가

먼저 돌로 치라 하시고 다시 몸을 굽혀 손가락으로 땅에 쓰시니

그들이 이 말씀을 듣고 양심에 가책을 느껴

어른으로 시작하여 젊은이까지 하나씩 하나씩 나가고

오직 예수와 그 가운데 섰는 여자만 남았더라

요한복음 8:6~9

차례

| 문익환 |

| 고정희 |

송창근

호 만우(晩雨). 함경북도 경흥 출생. 프린스턴 신학교를 거쳐, 펜실베이니아의 웨스턴 신학교를 졸업하고, 1931년 콜로라도 덴버의 아일리프 대학교에서 박사학위를 받았다. 귀국해 목사가 되어 평양 산정현교회에서 담임목사로 시무하다가, 1936년 부산으로 내려가 성빈학사를 설립. 가난한 학생들을 뒷바라지하는 사회·장학 사업을 했다. 1937년 흥사단의 수양동우회 사건 때 연루되어 2년간의 옥고를 치렀다. 출소 후 1940년부터 김천의 황금정교회에서 목회를 했고, 8·15 광복 후 조선신학교 교장에 취임. 여러 난제들을 타개해나갔으나, 6·25 전쟁 때 납북되었다. 그는 형식주의적·바리사이적·율법주의적 신앙 및 신학을 비판하는 입장을 취하고, 내면적·감격적·개혁적 신앙을 주창해, 직접 부산항의 윤락가에 뛰어들어 고아들을 모아 돌보면서 성 프란체스코의 청빈을 실천했다.

찰나의 영원

나는 아무것도 모릅니다.
그런데다가 알고 싶지도 않습니다.
태초에 어쨌다는 것이나
미래에 어찌될 것을 나는 모릅니다.
그리고 알려고도 안 합니다.
찰나만이 내게 참된 것을 압니다.
과거도 아니요 미래도 아닌
이 찰나에서만 나는 영원한 세계를 바라봅니다.
이것이 찰나의 영원입니다.
이 한때는 공간을 용납하지 않을 뿐 아니라
시간의 관념까지도 없는 영원한 생명의 찰나입니다.
이는 일체의 생명입니다.
혼일무잡渾一無雜한 순수 의식만이
자기를 드러내는 경계입니다.
초월하면서도 내재하고 감추면서도 드러나는 경지입
니다.

－《송창근 전집 1》, 186쪽

바다의 태양

깨끗한 햇빛이
넓다란 바다 위에 나부끼니
이는
빛깔 하얀 설움입니다.

새파란 물결 위에
고운 노래 곡조 들려오니
이는 무수한 빛깔이
물결을 따라 부르는
그윽한 탄식입니다.

때때로 하얀 물결이
공중에 날뛰며 헤매이니
이는 백일白日의 비극이요
환락의 갈등입니다.

–《송창근 전집 1》, 193쪽

김재준

호 장공(長空). 함경북도 경흥 출생. 1928년 일본 아오야마 학원 신학부, 1929년 미국 프린스턴 신학교, 1932년 미국 웨스턴 신학교를 졸업했다. 1940년 조선신학교(한국신학대학 전신) 설립과 1953년 한국기독교장로회의 창립에 중심인물로 참여했다. 1949~1961년 조선신학교 교수 및 학장을 역임하며 1953년 한국기독교장로회를 창립하고, 1961~1987년 한국신학대학(한신대학교 전신) 명예학장을 지내고, 그 사이 1965년 기독교장로회 제50회 총회 총회장 등을 역임했다. 한편, 군사 독재가 강화되어가자 반독재 투쟁 대열에 나서 1969년 3선개헌반대 범국민투쟁위원장, 1972년 국제앰네스티 한국위원회 이사장, 1973년 민주수호국민협의회 공동의장이 되었다. 일생을 한국 교회의 발전과 사회 참여의 신학 정립, 민주화 등을 위해 헌신했으며, 저서에 《범용기》, 《낙수》, 《계시와 증언》, 《하늘과 땅의 해후》, 《인간이기에》, 《장공전집》, 《광야에 외치는 소리》 등이 있다.

우리 주 하느님은

1
삼위일체 하느님은
창조주 하느님
주님 지은 생명의 씨
억천만대 살고 지고

전해주고 전해받아
땅 위에 차고 넘쳐

2
우리 주 하느님은
정의의 하느님
바르게 살라 하고
다시 다시 분부하며
義 세워 법 만드신
정의의 하느님

3
우리 주 하느님은
속량의 하느님
한 마리 잃어진 양
찾고 찾아 품에 안고
큰 잔치 베푸시는
사랑의 하느님

-《김재준 전집 17》, 41쪽

수난(受難)

겟세마네 동산 새벽 풀밭 위로
저기 혼자 걸어오시는 이,
오, 당신은 누구십니까?
이 새벽에 또 무슨 일로 이리로 오십니까?
끄을리는 옷자락이 이슬에 한추럭 젖음도 모르시고—

외다른 으슥한 곳을 찾아,
두 손길 마주 잡고 하늘을 우러러 고요히 무릎 꿇으시니,

오, 거룩한 싸움 앞에 선 숭엄한 자태여!
세기의 지평선에 광명을 보내오는 위대한 새벽이여!
나는 이 조그마한 고난의 방석 위에 무릎을 꿇고,
스승의 떨리는 목소리에 귀를 기울입니다.

"아버지여! 할 수만 있사오면 이 잔을 내게서 떠나게 하
옵소서"
새벽바람이라, 아직도 오히려 싸늘하거든,
볼수록 더욱 창백해 가는 저의 이마 위에

솟는 땀방울은 드디어 붉은 피방울로—
아아, 보라! 스승의 거룩한 얼굴에 나타난 저 장엄한 고
민을!

"그러나 아버지여! 당신 뜻대로 하옵소서"
절대 귀의의 지순한 정열과 예지에서 오는 자아 포기의
단호한 선언!
아아, 대우주의 혈관 속을 물결치는 유구한 생명에 발을
적시는 위대한 순간이여!

혜매는 창생의 길 앞에 던져진 거대한 불기둥이여!
새벽바람에 고요히 흔들리는 감람나무 잎새는
스승의 머리 위를 장식하는 승리의 깃발이던가.

저의 떨리는 목소리 귀는 설사 못들었다기로
마음에조차 아니 들리는 없었으려니.
하물며 거듭 부탁, 깨어 있으라 하셨거든,
바위로 벼개하고 코를 곯나니 그도록 못 참겠던가.

아아, 어서들 일어나오 스승이 저기 오시네.

“너희는 자느냐!”
주먹으로 눈을 부비며 머리 숙인 열한 그림자.
그 위로 흐르는 끝없는 고독과 자애와 연민을 감추신 거
룩한 시선,
“다들 일어나거라 다 함께 가자!”
오 스승이여, 그러면 이제 또 어디로 가오리까?

뒷손으로 창 든 무리를 부르며
저의 앞에 나아와 목을 껴안고 입을 맞추는
아아, 보라! 은 삼십 냥이 꾸며놓은
이 두려운 광경을!
비슬비슬 흩어지는 열한 그림자,
아아 베드로여! 그대도 가는가?
세베대의 형제여 어찌 차마 발이 떨어지는고!

어제는 저를 위해 종려 가지를 흔들며 “호산나”를 부르
더니,
　이제 와선 피를 달라 부르짖고, 그 머리 위에 가시관을 얹
단말가
　옷을 찢는 제사장이야 일러 무엇하랴만,
　갈대로 머리를 때리며 침 뱉고 조롱하는
　아아, 네 이름이 “민중”이더냐!

　십자가를 등에 지고 형장으로 향하시는
　스승의 외로운 그림자를 따르는 애끊는 두 마음이여
　수정같이 맑은 눈에 방울 짓는 눈물이라, 앞을 가려 어찌
가노.
　여기는 “골고다” 스승의 거룩하신 몸, 형을 위해 높이 달
리시니
　좌우에 있던 강도, 아서라 강도마저 조롱이냐.

　옆구리로 솟는 붉은 피 흘러 땅을 적시니
　아아, 창날아! 너조차 그리 무지하냐!

흰 날은 차마 못 보아 눈을 감고

대지도 두려움에 가슴을 떠는구나.

"아버지여 무지한 탓이오니 죄를 저들에게 돌리지 마옵

소서"

오오, 스승이여! 어서 눈을 감으소서

당신의 일은 이미 이루었나이다.

—《김재준 전집 17》, 493~495쪽

새벽 날개 타고

1
이 우주는 하느님 집
하늘 위, 하늘 아래,
땅 위, 땅 아래.
모두 모두 아버지 집

새벽 날개 햇빛 타고
하늘 저편 가더라도
천부님 거기 계셔
내 고향 마련하네

2
이 눈이 하늘 보아
푸름이 몸에 배고
이 마음 밝고 맑아
주님 영광 비춰이네

새벽 날개 햇빛 타고
하늘 저편 가더라도
천부님 거기 계셔
내 고향 마련하네

땅에서 소임 받아
주님 나라 섬기다가
주님 오라 하실 때에
주님 품에 옮기나니

새벽 날개 햇빛타고
하늘 저편 가더라도
천부님 거기 계셔
내 고향 마련하네

1983년. 작곡가 박재훈 박사와 북캐나다
단풍 계곡을 다녀오는 차 안에서 지은 시

─《김재준 전집 17》, 49쪽

김정준

호는 만수(晩穗). 부산 출신. 평양 숭실중학교를 졸업한 뒤 일본 아오야마 학원 신학부를 거쳐 캐나다의 임마누엘 신학교와 토론토 대학교를 졸업했으며, 독일의 하이델베르크 대학교에서 수학하고 스코틀랜드 에든버러 대학교에서 철학박사 학위를 받았다. 대표적인 역서로는 《어거스틴 참회록》, 토머스 아 켐피스의 《그리스도를 본받아》, 로데스의 《시편》 등이 있고, 저서로는 《나의 투병기》, 《에큐메니컬운동해설》, 《정의의 예언자 아모스연구》, 《이스라엘의 신앙과 신학》, 《구약신학의 이해》, 《구약성서의 인간관》 등이 있다. 설교집으로는 《땅에 묻힌 하늘》, 《침묵》 등이 있고, 전공인 구약학 관계 논문뿐만 아니라 설교학에 관해서도 수많은 논문을 발표했다. 중심 사상은 한국적 신학 형성을 꾀하는 데 있었으며, 한국 교회에 의한 한국 교회를 위한 한국적 얼에 바탕을 둔 토착적인 신학 수립을 주장했다.

내가 죽는 날

- 어느 요우僚友가 나의 죽음에 대하여 묻기에 그 답으로 지은 글

내가 죽는 날!
그대들은 "저 좋은 낙원 이르니" 찬송을 불러주오.
또 요한계시록 20장 이하 끝까지 읽어주오.
그리고 나의 묘패에는 이것을 새겨주오.
"임마누엘" 단 한마디만을!

내가 죽는 날은
비가 와도 좋다.
그것은
내 죽음을 상징하는 슬픈 눈물이 아니라
예수의 보혈로 내 죄 씻음을 받은 감격의 눈물!

내가 죽는 날은
바람이 불어도 좋다.
그것은
내 모든 이 세상 시름을 없이 하고
하늘 나라 올라가는 내 길을 준비함이라.

내가 죽는 날은!
눈이 부시도록 햇빛이 비춰어도 좋다.
그것은 영광의 주님 품에 안긴
내 얼굴의 광채를 보여줌이라!

내가 죽는 시간은
밤이 되어도 좋다.
캄캄한 하늘이 내 죽음이라면
거기 빛나는 별의 광채는
새 하늘에 옮겨진 내 눈동자이리라!

오! 내가 죽는 날,
나를 완전히 주님의 것으로 부르시는 날,
나는 이날이 오기를 기다리노라.
다만 주님 뜻이면
이 순간에라도 닥쳐오기를!
번개와 같이 닥쳐와 번개와 함께 사라지기를!

그다음은 내게 묻지 말아 다오.
내가 옮겨간 그 나라에서만
내 소식 알 수 있을 터이니,
내 얼굴 볼 수 있을 터이니!

―《선한목자》, 1947년 10월 게재

나의 태양

지구는 태양의 얼굴을 향하여 돌아가고,
나는 주님의 얼굴을 바라보며 사나이다.
지구는 태양을 중심 삼고 돌아가고,
나는 주님 중심으로 살려 하나이다.
태양이 없으면 지구는 죽은 것이 되고,
나 역시 주 없이는 살아도 죽은 것이외다.
태양은 빛을 주어 땅에 생명으로 풍성하게 하고,
주는 내게 은혜를 베풀어 내 생명을 풍성하게 하나이다.
태양은 언제나 따뜻한 기운으로 만상을 입히시고,
주님은 변함 없는 사랑으로 내 심령에 불붙여주시나이다.
태양이 비추이지 않는 지구의 면은 냉함과 암흑이요,
주에게서 끊어진 나는 차고 어두움 뿐이외다.
광명과 미는 오직 태양에서만 오고,
내 심령의 광명과 미는 주에게서만 오나이다.
오오! 나의 태양, 주님이시여,
내 심령의 하늘에서 영원히 비추소서.
나는 주의 광선 없이는 살 수 없는 미물이외다.

1947년 4월

주님의 것

- 시편 119편 94절

나는 주님의 것이외다.
내가 주님의 것이 되고자 원하기 전에
주님은 나를 주님의 것이라 말씀했나이다.

내 부모 형제에게서 선함이 없고
내 자신에게서 아무 의로움이 없지만
그저 주님은 나를 주님의 것이라 말씀하나이다.

내 과거나 현재도 죄뿐이요
또 내 미래도 거룩한 보증을 할 수 없건만
그저 주님은 나를 주님 것이라 말씀하나이다.

주님이 이것을 주님의 소유물로 하셨어도
천지나 역사에 털끝만 한 변함이 없겠지만
주님은 그저 주님 것이라 말씀하나이다.

이것을 주님의 소유로 하시오면
주님이 이것 위해 마음 쓰시기 괴로우실 텐데
그래도 주님의 것이라 하나이다.

주님은 나를 주의 것이라 하시지만
이것은 또 몇 번이나 주님을
반역할지 모르겠는데
그래도 주님은 주의 것이라 하나이다.

이것이 주님 것 됨으로
주님의 곳간이 부해질 것 아니건만
그래도 주님은 "너는 내 것이라" 하나이다.

내게는 배암 같은 간사함이 있고
표범 같은 악독함이 있사온대도
주님은 그래도 "너는 내 것이라" 하나이다.

내 교만이 바벨처럼 높고
내 비루함이 수풀처럼 우거졌건만
그래도 주님은 "너는 내 것이라" 하나이다.

음부도 내 흑암에 비길 바 못 되고
우주도 오히려 내 죄악보다도 적건만
그래도 주님은 "너는 내 것이라" 하나이다.

주님, "너는 내 것이라" 하신 참 뜻을 모르겠나이다.
이것을 몰라도 주님은 상관하지 않으시고
그저 "너는 내 것이라" 말씀하나이다.

주님, 이것이 주님의 소유의 하나이오니
쓰셔도 당신 뜻, 또 버려도 당신 뜻이외다.
다만 당신의 뜻만이 이루어지사이다.

임인수

호는 현석(玄石), 구촌(九村), 경기도 김포 출생. 1944년 조선신학교를 졸업. 그 후 《아이생활》, 《현대공론》, 《기독교문화》 등의 잡지를 편집했고, 한국글짓기회 회장을 역임했다. 그의 모든 작품에 흐르는 주제는 기독교적 선의 바탕으로 신앙, 소망, 사랑에 의해 허무를 극복하려는 의지가 뚜렷하다. 작품집으로는 동화집 《어디만큼 왔나》, 《봄이 오는 날》, 시집 《땅에 쓴 글씨》, 번역 《이상한 풍금》, 동화집 《눈이 큰 아이》, 번역 《일본명작동화집》 외에 《글짓기를 위한 어린이문학독본》, 《임인수 아동문학독본》이 있으며, 공저로 《한국동화선집》, 《종아 다시 울려라》 등이 있다.

서시(序詩)

괴로움과 슬픔이
다하는 그 날

나는 백지白紙로
돌아가리라

이렇게 외로이
무심無心은 불타올라

임의 품에 안기는 버릇

모습은 말씀이 되고
글자가 되고

★보이지 않는 손길에 이끌림이여
임은 항상 나를 부르시도다.

초상(肖像) 앞에서

임의 얼굴을
보는 때부터

나는 언어_{言語}를 잊었노라

어찌하여 마음은
이다지 타 오르고

종소리와 같이
울려오는 숨결

이 영원에의 자세_{姿勢}
목숨이 가지는
오늘의 절정_{絕頂}.

문(門)

내가 이 문 앞에 서서
영원을 향하는 뜻은

십자가十字架의 표적을 단
성당聖堂이 바로 보이는
때문만이 아니다

울려오는 종소리
피가 돌아

온몸이 평화에
있음이로다.

베다니 서정(抒情)

베다니의 뜰
베다니의 집
고웁다 베다니의
동구(洞口) 밖에서

임은 인정스레
웃으시고

말씀 중에 넘치신
그 눈물
그 사랑

쉬어가신 숨결이며
음성이 그리워라.

마리아 소묘(素描)

흰 눈같이 쌓이는
고운 생각을

조용한 이날에사
다시금 우러러
바치는 뜻은
거룩하신 손길의
은혜로우심이

온몸에 가득 차
넘침이로다.

겟세마네의 밤

인생人生을 절망絶望으로 안
삼십三十 청년靑年의

피 땀 흘려 흘려
항거抗拒하는 이것을

아무도 아무도
몰랐느니라.

격정激情의 문도門徒들
저만치 떨어지고
무구無垢의 꽃다발, 기름일랑
발등에 부어 입맞춤하던

그날, 사랑의 여인들은
어디로 가고 없는가

외로운 이의 홀로
가시는 이 길

피와 살 찢고 뿌린
골짜기어라

오, 외로운 이의 홀로
항거抗拒하는 이것
선연한 핏자국
곡성도 없이.

부활(復活)의 노래

주검의 골짜기에 서서 울던 여인이
주검의 골짜기를 밟으며 온다

이 은혜와 같이
젖빛 안개는 내려
한 줌 흙 생령生靈들이
입김을 부는데

뿌리신 임의 피가 다시
꽃피어 나다
보라, 저 옮겨진 무덤 돌이랑
마리아여 찾는 임은
네 앞에 계시니라.

잔(盞)

피할 수는 없어라
나의 청춘의

나중인 나중에사
들리어온 것

높은 뜻은 하늘에서
내리시는가

어린 맘 새와 같이
설레이는 이 가슴

우러러 다만
사리이노니

피할 수는 없어라
나의 청춘의

피로써 물들인
이 잔이여

단초(斷草)

푸른 하늘이
부끄럽지 아니한가
죽음의 거리여

자욱한 구름
눈포래 속에
더러운 발자국
덮이이나

겨레들의 피
흰 눈 위에 다시
번져 흐름은…….

사람들 서로
미워하는 죄
너무나 큼이라

오 울라 세상이여

너희 선 그 자리에서
하나의 형제라도 구제하기 위하여

고요히
고요히.

기도(祈禱)

네 영원永遠의 기도祈禱
마음의 불길은 끓어
눈물 뜨거운 눈물의
시내를 이루다.

고민苦憫은 마음 깊이 스며
굳게 잠근 문 쪼개이나니
나는 소리 없이
명일明日을 바라보다.

바람은 무시로 불어서
새도 없는 골짜기
푸른 수림樹林으로 더 보려
그리운 산천山川을
노래하게 하니
눈물은 스스로 마르고
마음은 하늘을 향하여
고요히 갈구喝求하다.

엠마오 도상(途上)

엠마오 촌村 가까이
임도 가까이

한가지로 행하시나
알아보지 못함은

슬픈 빛 저희 얼굴
눈이 희미함이라

마땅치 아니하냐
임의 영광이

자세히 밝히시니
마음 뜨거워
마음 뜨거워

귀향초(歸鄕抄)

언젠가 꽃은
또 피어 있구나

돌아가는 길마다
고이 흩어져

나의 마음이 이렇게
정에 뜨는가

얼굴이 꽃처럼 붉던 소년들 모두
이 고장이 소슬蕭瑟하여 못 견디겠다고
떠나버린 뒤

이제 정말로 늙으신 부노父老들만
남아 계신가

이 아름다운 풍토風土하며
논밭으로 가는 길

몇 해만이라도
돌아와보면 나는
시름에 겨워버린다.

주저앉아 가다가 말고
꽃은 피어 있구나
꽃은 피어 있구나.

풍경(風景)

나무 그림자
서릿길 위에

새들 지저귀며
햇빛 가운데
또 왔다

저 새의 이름을 나는 모르나
또는 그 이야기를 나는 모르나

누군지 그 이름을 불러주는 이 있고
누군지 그 이야기를 들어주는 이 있어

새들은 지껄이고
새들은 노래한다

가랑가랑 맑은
골짜기의 하늘에

파아란 연기 오르는
아침이로다.

나의 시첩(詩帖)

하늘이 푸르러
잠자리 날개를 따르는 이 마음

비로소
나의 우주宇宙는 열린다.

창공蒼空은 내 마음
나는 우주宇宙의 아들
하늘은 나의 가슴
나의 집이다.

하늘이 푸르러
천공天空을 날으는 이 마음

비로소
나의 낭만浪漫한 시첩詩帖이 열린다.

김경수

호는 그봄. 함경북도 성진 출생. 한국신학대학을 거쳐 미국 텍사스 크리스천 대학대학원을 졸업. 1955년 시집 《꽃과 바다》를 발표했다. 그는 분단 현실과 전쟁의 경험을 신앙시로 표출했으며 그가 추구하고자 하는 경향은 시간을 영원으로 영원을 시간 속에 서정화하는 기독교 시의 가능성을 모색하는 데 있다. 주요 저서로는 설교집 《순례자의 노래》. 번역 《폴 틸리히의 조직신학 1, 2, 3권》, 《문화의 신학》. 에세이집 《지게군의 신학》. 시집으로는 《이 상투를 보라》, 《묵시록의 샘이 흐르는 공원》이 있으며 《노래중의 노래》로 기독교 문학상 시부문상을 수상했다. 《한국기독교문인협회》, 《크리스찬문학》, 《기독교시》 등의 동인이다.

기도하는 뫼들

기도하는 뫼들이 자꾸 높아지고 있다.
기도하는 바다들이 자꾸 넓어지고 있다.
기도하는 숲들이 더욱더 깊어지고 있다.
기도하는 꽃들이 더욱더 황홀하게 빛나고 있다.
기도하는 저녁노을이 아침 이슬방울이 되어 땅 밑에 스
미고

기도할 때마다 내 마음 밑바닥에 흔들리는 물결.
기도할 때마다 내 발굽에 이는 바람.
기도할 때마다 울렁거리는 가슴.
기도할 때마다 맞서는 절벽에서 떨어지는 물방울 소리.
기도할 때마다 뜨거워지는 눈시울.

기도하는 입김에 겨울이 가고
기도하는 골목의 두터운 벽이 무너진다.

기도하는 가슴에 흩어졌던 별들이 모여오고
산과 산이 어깨를 같이하며 바다가 바다를 잇고
동서남북이 하나의 깃발을 끌어올린다.

달밤에

달밤에는 삼위일체의 내가 걷고 있다.
아버지인 나와
그림자인 나, 그리고
나 자신인 내가 달밤의 외로운 비탈에 서고 있다.

태양만큼이나 달이 밝은 밤에는
셋으로 나뉘인 내가, 태양만큼이나 밝은
하나의 달을 쳐다보며 셋으로 나뉘인 나를
내 눈길이 닿는 외로운 비탈에 하나의 나로 모우고 있다.

달밤에는 어디선가 뚝뚝 꽃이 떨어지고 있다.
갈려서 만나지지 않는 나를 기다리는 눈물이
어느 외로운 비탈에 흐르는
바래인 달빛이 되고 있다.

달밤에는 경을 읽는 소리가 다듬이 소리를 내고 있다.
외양간 아기가 태어난 줄도 모르고….

개 짖는 소리만 들리고 있다.

이 상투를 보라

Ⅰ

니이체의 짜라투스트라여
내 사랑의 의지
이 상투를 보라.
나의 사투리이면서 나의 목소리인
초인을 보라.

듀이노 성의 라이너 마리아 릴케여
오천 년 침묵이 응결진 고독의
이 쓸쓸한 상투를 보라.
반만년 그늘진
말 없는 한국의 풍류를 보라.

내 머리 위에 물구나무선 햄릿이여
내 사타구니에서 그네를 타는 동키호테여
눈 여겨 이 상투를 보라.
한국의, 너무나 한국적인
상징을 보라.

깎이면 깎이는 것만큼 줄어들고
키우면 키우는 것만큼 자라나는
나의 상투
엄청난 나의 사투리.

마약 중독자 보오드렐이여
이 오묘한 진리의 신기루를 보라.
이 거룩한 뜻을 읽으라.
파묻혀 잊혀진 한국의, 너무나
한국적인 상징, 쓸쓸한
나의 상투를 보라.

Ⅱ
전통의 꽃 비녀, 모시 저고리 치마로
오천 년 구비진 길에 나서면
골목마다 춤추는 동방의 기적인
나의 상투.

겨울이야말로 나의 아침이었노라.
깨어나면 언제나 생동감에 넘치는
넘치는 매력의
남정네들, 너무나 남정다운 은밀한 골짝의
뫼뿌리. 눌려 짓밟힌
한국의, 너무나 한국적인 상징인
나의 상투를 온 세계의 시인들이여 보라.

어제와 오늘, 내일을 초월한
눈부신 태양 앞에 적나라한 모습으로
맑은 호수에 떠오른
빛의 빛을 보라.

한 처음의 어둠을 헤치고
처음엔 아찔한 하늘이었다가
감겼던 눈이 밝으면서
물 위를 조심스레 걸으시는
창세기 첫 장 둘째 절의 야웨를 보라.

저승에서 졸도했을 지그먼드 프로이드여
창세기의 창세기요 목소리 중의 목소리인
야웨의 야웨
태초의 태초, 그 한 처음을 보라.

겨울이야말로 나의 정오의 시작이었노라.
따뜻한 옷깃에 온몸이 여미우고
눈을 감으면 나의 머리 위에서 신기한 노래를 부르는
영원한 나의 시.
옛이 오늘이게 한 불굴의 의지.
신성한 충격의 사투리
저승과 이승에서도 곧추서는
나의 멋인 이 상투를 보라.

실향민의 노래

벌써 아버지가 세상을 떠나셨는데
맏아들인 나는 아버지의 산소에도 갈 수
없다.
어머니가 생존해 계셨는데
나는 문안조차 드릴 수 없다.

가난과 헐벗음 속에 두고 온
동생과 누나들.

명절이 되어도 같이 기뻐할 수
없는 아픔이, 155마일
완충 지대의 잡초로 무성할 뿐

아무 목소리도 들리지
않는다.

한 편의 시를 위하연

한 편의 시를 위하연
밥맛도 잊어야 한다.

한 편의 시를 위하연
깊은 밤도 뜬눈으로 새야 한다.

한 편의 시를 위하연
목숨도 웃음으로 땅에 묻을 수 있어야 한다.

한 편의 시를 위하연
까마득히 먼 길을 가야 한다.

한 편의 시를 위하연
몇만 권의 책과 창세기 첫 장에서
요한계시록에 이르는 길이의
머나먼 여행과 비바람과
눈보라에도 익숙해야 한다.

한 편의 시를 위하여 시간과 영원히 맞서는 자리에
내 거처를 정해야 한다.

두 방울의 눈물

어머니, 나에게 두 방울의 눈물을 주십시오
한 방울로는 십자가에 못 박힌 이의
마른 혀를 축이고

다른 한 방울로는
무궁화 한 송이를 피우겠습니다

주여 나에게 한마디 언어를 가르쳐주십시오
그 한마디로
웃기도 하고, 울기도 하는

겨울 찬가

나의 온몸에서 모든 잎이 지게 하십시오
뼈만 남은 앙상한 가지에
저 광야가 목 놓아 통곡하게 하십시오

회초리로 우는 바람이 바다 끝에 서면
멍든 바다가
노을에 젖게 하십시오

사랑도 비틀어지고
자유도 앙상해진 겨울 벌판에
아우성치는 눈보라

알찬 열매만 남게 하십시오
모든 잎이 진 몸에 알곡만 남아

황홀한 아침을 보게 하십시오

하찮은 바람도

하찮은 바람도 바닷가 조약돌과 만나면
바다 깊은 목소리의 물굽이를 일으킨다.

하찮은 바람도 나무와 스치면
깊은 묏속 침묵을 흔들고

하찮은 바람도 꽃잎에 닿으면
목청을 가다듬은 우주가 되살아난다.

하찮은 바람도 날개깃에 닿으면
잠자던 하늘이 푸드득 깃을 친다.

하찮은 바람도 묏골에 모이면
하늘 높이 솟는 묏속 기도의 파도가 된다.

떡과 포도주

삶의 마지막 식탁에 둘러앉으면
함께 마지막 나누어야 할 삶의 언어가 있다.

죽음의 끝에는
용서하는 손과 마주치는 눈길이 있다.

최후의 만찬으로 나누어지는
떡과 포도주

영혼의 굶주림은 굶주림 그대로 남는 것이지만
어진 눈과 관대한 입은
같은 피로 섞인다.

삶의 마지막 식탁에 앉으면
원수도 사랑하는 천사가 된다.

내 사랑이 네 몸에 닿을 때

- 여호와의 손에 잔이 있어 술 거품이 일어나는도다 (시편 75:8)

막푸른 하늘 위에 서서 내려다보는 첫 태양,
눈부신 나의 첫 사랑이여!

내 사랑이 네 몸에 닿을 때
너는 비로소 하나의 목숨이 되고
또 하나의 목숨을 낳았니라.

밤마다 호렙 산의 가시덤불에 불붙이며
내 사랑이 네 몸에 닿을 때
너는 하늘 위에 찔끔 솟는 별이 되고
내 사랑이 네 몸에 닿을 때
너는 비로소 하나의 목소리가 되고
또 하나의 목소리를 꽃 피웠니라.

바삭 떨어지는 낙엽과 함께
내 사랑이 네 몸에 닿을 때
나는 비로소 야웨의 눈부신 얼굴을 보았니라.

목소리뿐인 내 사랑이 네 몸에 닿으면
너는 땅에 솟는 무지개
무지개를 덮는 막푸른 하늘이여라.

말씀도 없고, 그 반대도 없는
땅도 없고, 하늘도 없는
죽음도, 낮도, 밤도 없는 태초의 태초,
그 한처음에

내 사랑이 네 몸에 닿을 때
나는 비로소 보았니라.
바다 밑에 잠긴 섬이던 너의 눈물을….

내 핏줄을 말리는 너의 목소리
내 사랑이 네 몸에 닿을 때
너는 별 위에 맺히는 한 방울 이슬이었니라.

다가서면 다가설수록 멀어지고
파면 팔수록 깊어가는 네 몸에
내 사랑이 닿을 때

나는 나의 마른 지팡이에 피는 야웨의 사투리
눈부신 야웨의 웃음을 보았니라.

돌의 노래

나를 딛고 네가 더 높이 올라갈 수 있다면
나는 너의 디딤돌이 되리라

내가 벽이 되어 네가 더욱 따뜻해질 수
있다면 나는 언제나 너의 울타리가 되리라

네가 사나운 짐승에게 쫓길 때 나는 기쁘게
너의 돌팔매가 되고

허약한 너를 위해
강바닥에 놓인 징검다리가 되어도 좋으리니

내가 교회를 사랑하는 것은

내가 교회를 사랑하는 것은
천박한 땅에 한 송이 꽃을 피웠기 때문이다
기쁨도 즐거움도 없는 세월을
믿음으로 외풍을 막아
맞바람 속에서도
눈부신 햇살에 온몸으로 넉넉한 마음과
사랑의 바다 이루었기 때문이다

내가 교회를 떠나지 못하는 것은
눈보라 속에서도 흔들리지 않는 우정과
황홀한 주의 빛
반짝반짝 닦이는 영혼이 있기 때문이다

서럽고 어둡던 세월도 꿈결로 흐르고
멍든 생명도 푸른 한낮의 빛으로 쏟아지고
목숨을 걸어오는 아픔도
달려가는 물살로 치유되고
언제나 허물어지지 않는 희망
사랑하는 생명이 있기 때문이다

내가 교회를 사랑하는 것은
뜨거워진 말씀 속에서 나의 허물과
땟국 벗기 때문이다

정말 겁나는 것은

정말 겁나는 것은 깊은 밤이 아니라
그 어느 것도 감출 수 없는
대낮이다
드넓은 하늘과 가없는 땅에
깊은 뿌리 박아도 패지 않는 곡식
정말 망설여지는 것은 헤어짐이 아니라
가장 소중한 만남이다

개 버릇

사람의 개 버릇
개들이 보고 웃고 있다

못 자국

시 쓰다 말고 나는 나의 두뇌와 눈
귀와 입안을 맑은 물에 헹구고 있다
아니다. 시 쓰다 말고
나는 나의 핏줄 울리는 거친 나의 숨결 가다듬으며
뒤틀린 거문고의 줄 고르고 있다

아니다. 나는 모든 시의 깊은 바다와
하늘에 빠져들고 있다
높은 벼랑에서 떨어지는 폭포 소리에
넋을 잃고 있다
여기저기서 풍겨오는 백합화의 향기
한여름의 푸른 나무숲에 물들어
영원을 향한 숲길의 새가 되고 있다

아니다. 나는 시 쓰다 내 가슴에 박힌
못 자국과 내가 달린 사형틀
내 몸에 흐르는 땀방울과 피를 닦아내고 있다

아니다. 나는 시 쓰다 말고 짓눌린 땅
갓 태어난 아기의 첫 울음소리에 깜짝 놀라
깊은 잠에서 깨어나고 있다

나는 시 쓰다 돌과 바위
높은 벽에 이마받이 하고 있다

새해 새 아침

묵은해 잠재운 새벽
눈뜨면 새해 새 아침입니다

저기 휘영청 밝은 하늘과
두둥실 떠오른 아침 해와
넘실거리는 바다

우리 모두 꽃향기 날리고 새들이 노래하는
넓은 들로 갑시다

가슴에 해를 잉태한 사람은
밤도 대낮입니다
새벽길에 이미 들어선 사람은
아무리 깊은 밤도 두렵지 않을 것입니다

묵은 해 잠재우고
새해의 새 아침 손에 손잡고
우리 모두 벌과 나비 춤추고 양 떼들 꿀을 먹는
저 넓은 들 넓은 하늘로 갑시다

내가 먼저 죽더라도

내가 먼저 죽더라도
사랑하는 이여
너무 슬퍼하거나
너무 괴로워하지 마오
삶과 죽음이 별개의 것이 아니어니

내가 먼저 가서
저 많은 별들 중 어느 한 별을 선택하여
매화 동백 목련 진달래 개나리
백합화와 장미꽃도 심어놓고
사랑하는 그대를 기다리며 살려오
천 년이 하루 같은 저기 저곳에서

부디 건강하고 기쁘게 살다가
천천히 오오
비록 삶이 괴롭고 힘들어도

쳐다볼수록 높아지는 하늘
바라볼수록 우람한 바다
사랑할수록 깊어지고
그리워할수록 그리워지는
사랑하는 이여

용서하오 먼저 가는 나를

문익환

호는 늦봄. 만주 북간도 출생. 1947년에 한국신학대학을 졸업하고 목사 안수를 받았으며, 미국 프린스턴 신학교에 유학, 신학석사학위를 취득하고 귀국해 한국신학대학과 연세대학교에서 구약을 강의하기 시작했다. 그는 절친한 친구였던 장준하의 횡사 이후 '3·1민주구국선언'을 기초하면서부터 유신 독재에 반대하는 투쟁에 앞장섰다. 이러한 활동들로 인해 여섯 차례 투옥되어 10여 년을 감옥에서 보냈다. 주요 저서로는 시집에 《새삼스런 하루》, 《꿈을 비는 마음》, 《난 뒤로 물려설 자리가 없어요》, 《한 하늘 두 하늘》, 《옥중일기》 등이 있고, 수필집에 《새것, 아름다운 것》이 있으며, 《꿈이 오는 새벽녘》, 《통일을 비는 마음》, 《히브리 민중사》, 《가슴으로 만난 평양》 등이 있다.

새삼스런 하루

아침 식탁에서 만나는
얼굴 얼굴이 새삼스러워
어느 하나 옛 얼굴이 아니다.

"처음 뵙겠군요!"
나는 눈으로 반가운 인사를 한다.

책가방을 들고
뛰어나가는
웬 사내 녀석의 뒤통수가
오늘따라
참 잘도 생겼다.

"잘 다녀오너라!"
웬 여인의 낯선 목소리가
오늘따라
가을 하늘처럼 맑다.

대문을 밀고 날아 나오는 미소에
손을 흔들어 답례하는
나의 아침은
왠지 발이 허공을 딛는다.

버스를 타고 사무실에 나오고
웬 사람을 만나 커피를 마시고 …

자욱한 담배 연기 속에서
왁자지껄하는
낯선 사람들의 말소리가
어디서 듣던 소리런 듯
오늘따라
새삼스럽다.

왼종일
원고지에 하늘을 메우다
말고

생소한 골목길들을 지나
아름다운 노을이 비낀 저
낯선 문짝을 열고 들어서면
처음 만나는 얼굴들이 또
나를 반겨줄 테지.

“처음 뵙겠군요!”
이 저녁에도 다시
눈으로 반가운 인사를 해야지.

덤

'쉰까지만 살았으면'
하던 폐병 들린 허약한 소원이
꺾일 듯 꺾일 듯하다
지나치기 이미 4년,
365일을 네 곱 해서 1460일
그 하루하루를 나는
덤으로 살았다.

내 마음만큼이나 작은
유리잔-
거기서 넘어나는
아버님 어머님의 눈물을
혓바닥으로 감치다가 감치다가 나는
찝찔한 인생을
덤으로 맛보았다.

여섯 달 살고
혼자 되어도 좋다며

시집온 아내-
그 나팔꽃 같은 마음에 내 목청을 다 쏟고
펄럭이는 가슴 옷자락에
아내의 체온을 묻히며 살기
벌써 28년,
이제사 나는
덤으로 사랑을 알 듯하다.

바다 물살에 무너져 내리는
호, 영, 의, 성 네 놈의
모래성-
하늘 끝처럼 시린 달빛을 등어리에 받으며
두 손으로
무너져 내리는 모래를 쓸어 올리다가 올리다가
손가락 사이사이로 새나가는
모래알들 속에서
억만 년을 씻기지 않는 반짝임을 보는
아-

그 놀라움을 나는
덤으로 만져보았다.

나의 인생보다도 소중한 덤을
이렇게 한 아름 안겨 주신
아-
그분의 말씀은 절로 다 노래라서
그분께 내 마음을 아뢰려다가 나는
덤으로 노래를 익혔다.

나의 첫 기도

이제 저는
몸 없는 그림자로 남아
밤 오기만을 기다리고 있습니다.
하느님!

　그 허전한 마음 거두고
　앞산 뒷산을 쳐다보아라
　이제 곧 한낮이 되면
　제 그림자를 삼킨 바위들이
　우뚝우뚝 일어설 게다.

이제 저는
눈이 떨어져 나간 밀알이 되고
말았습니다.
하느님!

　그 서운한 마음을 거두고
　하늘을 쳐다보아라
　손바닥만 한 구름 한 점

하늬바람에 실려 오고 있지 않느냐?
산과 들에 떨어진 풀씨들 위에

이제 곧
비가 쏟아질 게다.

당신은 언제나 내 뒤에 계십니다

당신은 언제나 내 뒤에 계십니다.
그래서 나는 당신의 얼굴을 뵌 일이 없습니다.
눈을 감고 친지들 생각에 잠겨 있을 때면
당신의 숨소리가 들리긴 하죠.

사방 벽을 쳐다보며 외로워질 때면
당신의 숨소리는 한숨으로 변하죠.
이른 새벽 창가에 불려 나와 샛별을 쳐다볼 때면
당신의 눈도 맑게 빛나겠지요.

황홀한 저녁노을이 마음에 젖어들 때면
당신의 눈에도 눈물이 고이겠지요.
저 마당에서 서성이는 퍼렁 옷 죄수들을 굽어보고 있을
때면
당신의 얼굴엔 보나마나 분노가 스치었겠지요.

당신은 언제나 내 뒤에 계십니다.
그래서 나는 당신의 얼굴을 뵌 일이 없습니다.
그러나 잠자리에 들었을 때만은
당신은 꿈으로 내 속에 들어오시죠.

손바닥 믿음

이게 누구 손이지
어두움 속에서 더듬더듬
손이 손을 잡는다

잡히는 손이 잡는 손을 믿는다
잡는 손이 잡히는 손을 믿는다

두 손바닥이 따뜻하다
인정이 오가며
마음이 마음을 믿는다

깜깜하던 마음들에 이슬 맺히며
내일이 밝아온다

예수의 기도 - 4

- 우리를 시험에 들지 말게 하옵시며

바람이 없으면
깃발은 축 늘어지지요
바람이 불어야
깃발은 살맛이 나는 거죠

솔솔 봄바람이라도 불면
어깨춤이 저절로 나지요
태풍이라도 불어오면
이거야 무당처럼 신나는 일이지요

펄럭이다 펄럭이다 마구 찢어진다고
움츠러들 것 같습니다
천만에요
갈기갈기 찢어진 자락
그것이 바로 깃발의 자랑인걸요

깃대가 부러지면
더 굵은 걸로 갈면 그만인 거구요
북풍한설 눈보라라도 휘몰아치면
가슴마저 화끈 달아오르지요

바람이 바로 당신의 입김인걸요

양심이라고

양심이라고 뭐 대단한 게 아잉 기라
좋은 거 좋다고 하는 기 양심인 기라
누이 좋고 매부 좋은 거 그걸
좋다고 하는 기 양심 아이가

그렇다문사 올케 좋고 시누이 좋은 건
그기야 콧날이 찡하는 양심 아이가
매사가 다 그렁 기라

사내 좋고 마누라 좋은 걸 좋다고 하는 거 그것도
우리 집 말뚝매양 든든한 양심 아이가
두말하면 잔소린 기라

백성 좋고 대통령 좋은 건 또 어떻고
정말 그렁 게 있을까 싶다만
그렁 게 있다면 그건 민주적인 양심이라고 할 게 아이가

'88올림픽 남북 단일팀을 만들고
서울 평양 왔다 갔다 하며
축구다 농구다 수영이다 육상이다
얼싸안고 목이 터지게
평양 이겨라 서울 이겨라가 아이라
우리 팀 이겨라
응원할 수 있다면 그거야
북쪽 사람도 좋고 남쪽 우리도 좋고
그럴 거 아이가
미치게 좋을 거 아이가
그런 걸 민족적 양심이라고 하는 거겠제

제기랄 그 양심 지금 어디 가서 지랄하고 있는 거지

사랑의 역설

사랑은 털도 안 뽑고 꼴깍 삼키는 거지
사랑은 솜털 하나 남기지 않고
지져 먹든 볶아 먹든 마음대로 하라고
몽땅 주어버리는 거지
그러다 보면 너와 나 한 불길로 타오르는 거지
잠자던 바람 덩달아 일어나
나부끼다 춤추다 쓰러지다 치솟다
세상 울리는 마음이 되는 거지

백두산 천지

너무 맑은 마음
차마 얼어붙을 수 없어
푸른 하늘 흰 구름으로
가슴 설레는
우리의 넋이여
당신의 울분 뻗어 내려
회오리치다가
연한 살갗 찢고 찢어
당신의 아픔으로 솟아난 바위들
가슴을 두드리며 소리친다
바위 틈에서 솟아나는 물방울들
내로 강으로 흐르며
아침노을에도 서러워
저녁노을에도 서러워
소나기라도 쏟아지면
목이 메어
소리친다.

“누가 내 허리를 두 동강 냈느냐?
이 못난 것들아”

하느님의 바보들이여

어떤 일이 있어도 늙어서는 안됩니다
언제까지라도 젊어야 합니다
싱싱하게 젊으면서도 깊어야 합니다
바다만큼 되기야 어찌 바라겠습니까마는
두세 키 정도 우물은 되어야 합니다
어찌 사람뿐이겠습니까
마소의 타는 목까지 축여주는 시원한 물이
흥건히 솟아나는 우물은 되어야 합니다
높은 하늘이야 쳐다보면서
마음은 넓은 벌판이어야 합니다
탁 트인 지평선으로 가슴 열리는
벌판은 못 돼도 널찍한 뜨락쯤은 되어야 합니다
오가는 길손들 지친 몸 쉬어갈
나무 그늘이라도 있어야 합니다
덥썩 잡아주는 손과 손의 따뜻한
온기야 하느님의 뛰는 가슴이지요
물을 떠다 발을 씻어주는
마음이야 하느님의 눈물이지요

냉수 한 그릇에 오가는 인정이야
살맛 없는 세상 맛 내는 양념이지요
이러나저러나 좀 바보스러워야 합니다
받는 것보다야 주는 일이 즐거우려면
좀 바보스러워져야 하지 않겠습니까

바보스런 하느님의 바보들이여

나무의 양심

결은 난 대로 생긴 대로 좋아라
비바람에 눈보라에 부대끼면서
속으로 고이 다스린 마음
대팻날에 깎이면서 풍기는
당신의 향긋한 살내음
땅의 양심 그대로여서 좋아라

내가 바라는 세상

내가 바라는 세상이 어떤
세상인고 하면 별로 대단한 게 아니여
집집마다 자동차 한 대도 아니고
아버지 엄마 따로따로 아들 딸 따로따로 굴리는 그런
소위 선진국 세상 말하는 게 아니여
여름 휴가는 알프스에서 겨울 휴가는 리비에라에서
뭐 그런 거창한 게 아니여
내가 바라는 세상은 말이여
대천에서 썰물이 슬슬 빠지듯 감옥에서
사람이 하나 둘 슬슬 빠져나가고
되돌아오는 사람이 줄어드는 세상 말이여
대통령 취임식이라고 떠들썩하며 한 천 명 사면으로 나
가고는
일 년 안에 한 삼천 명쯤 더 들어오는 그런 세상 아니여
그건 정말 몹쓸 세상이여
꿈같은 이야기지만 말이여
감옥에 죄수가 없을 때는
한 달이고 두 달이고 백기를 올리는 나라도 있다지만

우리야 어디 그까지 바랄 수야 없지 아직은
우리 백성이 뭐 마음들이 나빠서 못 바라는 거야 아니지
나라 살림을 하는 사람들이 문제여
그 사람들이 생각하고 하는 일이라는 게
어떻게 하면 사람을 더 많이 감옥에 보내나
어떻게 감옥을 한 군데라도 더 짓냐는 거거든
그저 욕심이 없어야 히여
고양이에게 생선 안 맡겨야 히여
고놈의 고양이도 몽둥이로 쫓아버리고
골고루 나누어 먹는 세상이 돼야 히여
그런데도 감옥으로 가는 놈이야 환장한 놈이니
하는 수 없제
아 내 손자가,
아니면 내 손자의 친구가
서울구치소 소장이 되어 재직 중 꼭 한 번만이라도
백기를 올리는 세상이 되었으면
더 바랄게 없겠구만
말이여

잠꼬대 아닌 잠꼬대

난 올해 안으로 평양으로 갈 거야.
기어코 가고 말 거야 이건
잠꼬대가 아니라고 농담이 아니라고
이건 진담이라고.

누가 시인이 아니랄까 봐서
터무니없는 상상력을 또 펼치는 거야
천만에 그게 아니라구 나는
이 1989년이 가기 전에 진짜 갈 거라고
가기로 결심했다구
시작이 반이라는 속담 있지 않아
모란봉에 올라 대동강 흐르는 물에
가슴 적실 생각을 해보라고
거리 거리를 거닐면서 오가는 사람 손을 잡고
손바닥 온기로 회포를 푸는 거지
얼어붙었던 마음 풀어 버리는 거지
난 그들을 괴뢰라고 부르지 않을 거야
그렇다고 인민이라고 부를 생각도 없어

동무라는 좋은 우리말 있지 않아
동무라고 부르면서 열 살 스무 살 때로
돌아가는 거지

아 얼마나 좋을까
그땐 일본 제국주의 사슬에서 벗어나려고
이천만이 한마음이었거든
한마음
그래 그 한마음으로
우리 선조들은 당나라 백만 대군을 물리쳤잖아

아 그 한마음으로
칠천만이 한겨레라는 걸 확인할 참이라고
오가는 눈길에서 화끈하는 숨결에서 말이야
아마도 서로 부둥켜 안고 평양 거리를 뒹굴겠지
사십사 년이나 억울하게도 서로 눈을 흘기며
부끄럽게도 부끄럽게도 서로 찔러 죽이면서
괴뢰니 주구니 하며 원수가 되어 대립하던

사상이니 이념이니 제도니 하던 신줏단지들을
부수어버리면서 말이야

뱃속 편한 소리 하고 있구만
누가 자넬 평양에 가게 한대
국가보안법이 아직도 시퍼렇게 살아 있다구
객쩍은 소리 하지 말라구

난 지금 역사 이야기를 하고 있는 거야
역사를 말하는 게 아니라 산다는 것 말이야
된다는 일 하라는 일을 순순히 하고는
충성을 맹세하고 목을 내대고 수행하고는
훈장이나 타는 일인 줄 아는가
아니라구 그게 아니라구
역사를 산다는 건 말이야

밤을 낮으로 낮을 밤으로 뒤바꾸는 일이라구
하늘을 땅으로 땅을 하늘로 뒤엎는 일이라구

바위를 걷어차 무너뜨리고
그 속에 묻히는 일이라고
넋만은 살아 자유의 깃발을 드높이
나부끼는 일이라고
벽을 문이라고 지르고 나가야 하는
이 땅에서 오늘 역사를 산다는 건 말이야
온몸으로 분단을 거부하는 일이라고
휴전선은 없다고 소리치는 일이라고
서울역이나 부산, 광주역에 가서
평양 가는 기차표를 내놓으라고
주장하는 일이라고

이 양반 머리가 좀 돌았구만

그래 난 머리가 돌았다 돌아도 한참 돌았다
머리가 돌지 않고 역사를 사는 일이
있다고 생각하나
이 머리가 말짱한 것들아

평양 가는 표를 팔지 않겠음 그만두라고

난 걸어서라도 갈 테니까
임진강을 헤엄쳐서라도 갈 테니까
그러다가 총에라도 맞아 죽는 날이면
그야 하는 수 없지
구름처럼 바람처럼 넋으로 사는 거지

1989년 첫새벽에

히브리서 11장 1절

그것은 잔디 씨 속에 이는 봄바람이다.

그것은 눈먼 아이 가슴에서 자라는 태양이다.

그것은 언 땅속에서 부릅뜬 개구리의 눈망울이다.

그것은 시인의 말 속에서 태동하는 애기 숨소리다.

그것은,

그것은 내일을 오늘처럼 바라는 마음이요, 오늘을 내일처럼 믿는 마음이다.

나의 슬픈 님

이
나 혼자만의 방
왼쪽 벽 앞의 담요를 접어
빈 손님 자리 하나 마련해놓으니
외롭지 않으이
눈만 감으면 숨소리만으로도 앉아
몸을 흔드시는 당신
우리는 말을 주고받을 필요가 없군요
사랑하는 아내 아들 딸도
바우도 보라도
눈물겨운 벗들도 못 들어오는
이 방에
당신만은 소리 없이 들어오시는군요
반가운 손님이여
아– 당신의 이름 '슬픈'이시여
내가 마지막 세상을 하직할 때도
당신만은 나를 떠나지 않으리

땅의 평화

땅은 평화입니다
땅의 마음은 평화입니다
하늘보다 큰 마음
바다보다 푸른 마음
태양보다 뜨거운 마음
땅의 마음은 평화입니다

땅과 입을 맞추면서
발바닥은 부끄럽습니다
냄새나고 더러운 것 무엇 하나 마다 않고
받아 마시며 피워내는 풀꽃들
발바닥은 부럽습니다

활이 아닙니다
칼도 창도 아닙니다
기관총도 대포도 탱크도 아닙니다
핵무기 전자 무기가 문제입니다
그 가공한 살인 무기를 만드는 손들

그 단추를 누르는 것이 자랑스러운 손가락들
발바닥은 분노합니다

위대한 인류의 위대한 문명의 그늘 아래서
배고파 우는 아이들의 울음소리
발바닥은 아프고 쓰립니다

활이 아닙니다
칼도 창도 아닙니다
기관총도 대포도 탱크도 아닙니다
핵무기도 전자 무기도 아닙니다
평화가 문제입니다
하나도 평화 둘도 평화 셋도 평화입니다

은하 성운 밖으로 밀려나는 평화를 보며
슬퍼하는 하느님의 마음입니다
평화를 애타 바라는
하느님의 뜨거운 마음입니다

간절한 땅을 딛고 서서
발바닥은 불이 됩니다
몸은 선 채로 타는 제물이 됩니다

1982년 성탄에

—

고
정
희

전남 해남 출생. 한국신학대학을 졸업한 뒤 1975년 시인 박남수의 추천으로 《현대문학》에 〈연가〉, 〈부활과 그 이후〉를 발표하며 문단에 데뷔했다. 시집으로 《누가 홀로 술틀을 밟고 있는가》, 《실락원 기행》, 《초혼제》, 《이 시대의 아벨》, 《눈물꽃》, 《지리산의 봄》, 《저 무덤 위에 푸른 잔디》, 《여성해방출사표》, 《광주의 눈물비》, 《아름다운 사람 하나》와 유고 시집으로 《모든 사라지는 것들은 뒤에 여백을 남긴다》가 있다. 어떤 상황에서도 절망하지 않는 강한 의지와 생명에 대한 끝없는 사랑을 노래한 시인으로 평가받고 있다.

상한 영혼을 위하여

상한 갈대라도 하늘 아래선
한 계절 넉넉히 흔들리거니
뿌리 깊으면야
밑둥 잘리어도 새순은 돋거니
충분히 흔들리자 상한 영혼이여
충분히 흔들리며 고통에게로 가자

뿌리 없이 흔들리는 부평초잎이라도
물 고이면 꽃은 피거니
이 세상 어디서나 개울은 흐르고
이 세상 어디서나 등불은 켜지듯
가자 고통이여 살 맞대고 가자
외롭기로 작정하면 어딘들 못 가랴
가기로 목숨 걸면 지는 해가 문제랴

고통과 설움의 땅 훨훨 지나서
뿌리 깊은 벌판에 서자
두 팔로 막아도 바람은 불 듯

영원한 눈물이란 없느니라
영원한 비탄이란 없느니라
캄캄한 밤이라도 하늘 아래선
마주 잡을 손 하나 오고 있거니

고백

너에게로 가는
그리움의 전깃줄에
나는
감
전
되
었
다

네가 그리우면 나는 울었다

길을 가다 불현듯
가슴이 잉잉하게 차오르는 사람
네가 그리우면 나는 울었다.

너를 향한 기다림이 불이 되는 날
나는 다시 바람으로 떠올라
그 불 다 사그라질 때까지
스스로 잠드는 법을 배우고
스스로 일어서는 법을 배우고
스스로 떠오르는 법을 익혔다.

네가 태양으로 떠오르는 아침이면
나는 원목으로 언덕 위에 쓰러져
따스한 햇빛을 덥고 누웠고
누군가 내 이름을 호명하는 밤
나는 너에게 가까이 가기 위하여
빗장 밖으로 사다리를 내렸다.

달빛 아래서나 가로수 밑에서
불쑥불쑥 다가왔다가
이내 바람으로 흩어지는 너,
네가 그리우면 나는 또 울 것이다

편지

새벽 다섯시면
수유리 옹달샘 표주박 속에
드맑게 드맑게 넘치고 있는 사람

드맑게 넘치다가
아침 나그네 목 축여주고
머나먼 마을로 떠나고 있는 사람

머나먼 마을로 떠나다가
인천 만석동이나 온양에 이르러
한 많은 사람들 발을 적시기도 하고
어린 물풀에 잠시 머뭇거리다가
말없이 거대한 들판을 가로질러
까마득한 포구로 떠나고 있는 사람

떠날 수 없는 것들 뒤에 두고
바람처럼 깃발처럼 떠나고 있는 사람

아흐, 떠나면서 떠나면서
사라지지 않는 사람

어머니, 나의 어머니

내가 내 자신에게 고개를 들 수 없을 때
나직이 불러본다 어머니
짓무른 외로움 돌아누우며
새벽에 불러본다 어머니
더운 피 서늘하게 거르시는 어머니
달빛보다 무심한 어머니

내가 내 자신을 다스릴 수 없을 때
북쪽 창문 열고 불러본다 어머니
동트는 아침마다 불러본다 어머니
아카시아 꽃잎 같은 어머니
이승의 마지막 깃발인 어머니
종말처럼 개벽처럼 손잡는 어머니

천지에 가득 달빛 흔들릴 때
황토 벌판 향해 불러본다 어머니
이 세계의 불행을 덮치시는 어머니
만고 만건곤滿乾坤 강물인 어머니

오 하느님을 낳으신 어머니

사십 대

사십 대 문턱에 들어서면
바라볼 시간이 많지 않다는 것을 안다
기다릴 인연이 많지 않다는 것도 안다
아니, 와 있는 인연들을 조심스레 접어 두고
보속의 거울을 닦아야 한다

씨 뿌리는 이십 대도
가꾸는 삼십 대도 아주 빠르게 흘러
거두는 사십 대 이랑에 들어서면
가야 할 길이 멀지 않다는 것을 안다
선택할 끈이 길지 않다는 것도 안다
방황하던 시절이나
지루하던 고비도 눈물겹게 그러안고
인생의 지도를 마감해야 한다

쭉정이든 알곡이든
제 몸에서 스스로 추수하는 사십 대,
사십 대 들녘에 들어서면

땅바닥에 침을 퉤, 뱉아도
그것이 외로움이라는 것을 안다
다시는 매달리지 않는 날이 와도
그것이 슬픔이라는 것을 안다.

모든 사라지는 것들은 뒤에 여백을 남긴다

무덤에 잠드신 어머니는
선산 뒤에 큰 여백을 걸어 두셨다
말씀보다 큰 여백을 걸어 두셨다
석양 무렵 동산에 올라가
적송밭 그 여백 아래 앉아 있으면
서울에서 묻혀온 온갖 잔소리들이
방생의 시냇물 따라
들 가운데로 흘러흘러 바다로 들어가고
바다로 들어가 보이지 않는 것은 뒤에서
팽팽한 바람이 멧새의 발목을 툭, 치며
다시 더 큰 여백을 일으켜
막막궁산 오솔길로 사라진다

오 모든 사라지는 것들 뒤에 남아있는
둥근 여백이여 뒤안길이여
모든 부재 뒤에 떠오르는 존재여
여백이란 쓸쓸함이구나
쓸쓸함 또한 여백이구나

그리하여 여백이란 탄생이구나

나도 너로부터 사라지는 날
내 마음의 잡초 다 스러진 뒤
네 사립에 걸린 노을 같은, 아니면
네 발 아래로 쟁쟁쟁 흘러가는 시냇물 같은
고요한 여백으로 남고 싶다
그 아래 네가 앉아 있는

이 시대의 아벨*

며칠째 석양이 현해탄 물굽이에 불을 뿌리고 있었읍니다.
이제 막 닻을 내린 거룻배 위에는
저승의 뱃사공 칼롱의 은발이
석양빛에 두어 번 나부–끼–더–니, 동서남북
금촉으로 부서지며 혼비백산
숲에 불을 질렀읍니다.
으–아, 솔바람 불바람 홀연히 솟아올라
둘러친 세상은 넋 나간 아름다움
넋 나간 욕망으로 끓어오르고 있었읍니다.
아세아를 건너지른 〈오그덴 10호〉가
현해탄에 당도한 건 바로
이때입니다.

오그덴 10호**는
몇 명의 수부들을 바닷속에 처넣고
벼락을 때리며 외쳤읍니다.

오 아벨은 어디로 갔는가

너희 안락한 처마 밑에서

함께 살기 원하던 우리들의 아벨,

너희 따뜻한 난롯가에서

함께 몸을 비비던 아벨은 어디로 갔는가

너희 풍성한 산해진미 잔칫상에서

주린 배 움켜쥐던 우리들의 아벨

우물가에서 혹은 태평성대 동구 밖에서

지친 등 추스르며 한숨짓던 아벨

어둠의 골짜기로 골짜기로 거슬러 오르던

너희 아벨은 어디로 갔는가?

믿음의 아들 너 베드로야

땅의 아버지 너 요한아

밤새껏 은총으로 배부른 가버나움아

사시장철 음모뿐인 예루살렘아

음탕한 왕족들로 가득한 소돔과 고모라야

너희 식탁과 아벨을 바꿨느냐

너희 침상과 아벨을 바꿨느냐

너희 교회당과 아벨을 바꿨느냐
독야청청 담벼락과 아벨을 바꿨느냐?
회칠한 무덤들, 이 독사의 무리들아
너희 아벨은 어디에 있느냐
너희 고통을 짊어진 아벨
너희 족보를 짊어진 아벨
너희 탐욕과 음습한 과거를 등에 진 아벨
너희 자유의 멍에로 무거운 아벨
너희 사랑가로 재갈 물린 아벨
일흔일곱 날 떠돌던 아벨을 보았느냐?
아흔아홉 날 한뎃잠을 청하던 아벨을 보았느냐?

이제 침묵은 용서받지 못한다
돌들이 일어나 꽃씨를 뿌리고
바람들이 달려와 성벽을 허물리라
지진이 솟구쳐 빗장을 뽑으리라
바람 부는 이 세상 어디서나
아벨의 울음은 잠들지 못하리

오 불쌍한 아벨
외마디 소리마저 빼앗긴 아벨을 위하여
나는 너희 식탁을 엎으리라
나는 너희 아방궁을 엎으리라
나는 너희 별장을 엎으리라
나는 너희 교회당과 종탑을 엎으리라
소돔아 너를 엎으리라
고모라야 너를 엎으리라
가버나움아 너를 엎으리라
예루살렘아 너를 엎으리라
천사야 너도 엎으리라
깃발을 분지르고 상복을 입히리라
생나무 마른 나무 함께 불에 던지고
바다더러 산 위로 오르라 하리라
산더러 너희 위에 무너지라 하리라
바람 부는 이 세상 어디서나
이제 침묵은 용서받지 못한다
울지 않는 종은 입에 칼을 물리고

뛰지 않는 말은 등에 창을 받으리
날지 않는 새는 뒤축에 밟히리
뒷날에 참회는 적당치 못하다
너희가 쫓아버린 아벨
너희가 쫓아 묻어버린 아벨
너희가 쫓아 묻고 부인한 아벨
너희는 모른다 모른다 모른다 시치미 뗀

아벨의 울음소릴 들었느냐?
금동이의 술잔에 아벨의 피가 고이고
은소반의 안주에 아벨의 기름 흐르도다
촛농이 녹아 흐를 때 아벨이 울고
노랫가락 높을 때 아벨이 탄식하도다

오 불쌍한 아벨을 찾을 때까지
나는 이 세상 어디든 달려가
너희 잔치상과 보신탕을 엎으리라
너희 축복과 토룡탕을 엎으리라

너희 개소주와 단잠을 엎으리라
돌들이 일어나 옥답을 일구고
지진이 솟구쳐 평지풍파 일으키리라
바람더러 주인이라 주인이라 부르리라

너희의 어둠인 아벨
너희의 절망인 아벨
너희의 자유인 아벨
너희의 멍에인 아벨
너희의 표징인 아벨
낙원의 열쇠인 아벨
아벨 아벨 아벨 아벨 아벨……

그때 한 사내가
불탄 수염을 쥐어뜯으며
대지에 무릎을 꿇었읍니다
그리고 이렇게 외쳤읍니다
-우리가 눈물 흘리는 동안만이라도

주는 우리를 용서하소서

다음 날 신문은
오그덴 10호가
현해탄의 대기권을 완전히 떠나갔다고
보도했습니다.

* (구약) 창세기 4장 2절 이하에 기록된 대로 인간의 조상 아담과 하와는 첫아
들 카인과 둘째 아들 아벨을 낳았다. 아벨은 양을 치는 목자가 되었고 카
인은 농부가 되었는데, 형 카인은 아벨에 대한 질투 때문에 아우를 들로
꾀어내어 쳐 죽였다. 이때 야훼께서 이렇게 꾸짖으셨다. "네 아우의 피가
땅에서 나에게 울부짖고 있다."
** 1981년 8월 초 한반도에도 상륙한 태풍 이름

야훼님 전 상서

야훼님! 한 사나이가 집으로 돌아왔습니다.

오랜 추위와 각고를 끝낸 한 사나이가 집으로 돌아왔습니다.

아주 멀리 떠날 줄 알았던 그, 이제는 다시 되돌아올 수 없는 곳으로 가버린 줄 알았던

그 사나이는 누더기 옷을 걸치고 섬광 같은 눈빛을 간직한 채 그의 기원을 묻어둔 집으로 돌아왔습니다.

그가 돌아왔을 때 영원히 닫힌 줄 알았던 우리들 기도의 문이 열리는 소리를 들었습니다.

그가 돌아왔을 때 영원히 끝난 줄 알았던 자유의 휘파람 소리가 들판을 가로질러 가는 것을 보았습니다.

그가 돌아왔을 때 우리들 기다림이 불기둥으로 일어서는 것을 보았습니다.

그러나 야훼님!

그가 돌아온 마을과 지붕은 아직 어둡습니다.

그가 돌아온 교회와 십자가는 더더욱 고독합니다.

그가 돌아온 들판과 전답은 이 무지막지한 어둠과 추위 속에 누워 있습니다.

우리가 저 대지의 주인일 수 있을 때까지 재림하지 마
소서.
그리고 용서하소서.
신도보다 잘사는 목회자를 용서하시고
사회보다 잘사는 교회를 용서하시고
제자보다 잘사는 학자를 용서하시고
독자보다 배부른 시인을 용서하시고
백성보다 살쪄 있는 지배자를 용서하소서.

누가 홀로 술틀을 밟고 있는가?

- 지기의 노래

새벽에 깨어 있는 자, 그 누군가는
듣고 있다 창틀 밑을 지나는 북서풍이나
대중의 혼이 걸린 백화점 유리창
모두들 따뜻하나 자정의 적막 속에서도
손이라도 비어 있는 잡것들을 위하여
눈물 같은 즙을 내며 술틀을 밟는 소리

들끓는 동해 바다 그 너머
분홍 살 간지르는 봄바람 속에서
실실한 씨앗들이 말라가고 있을 때
노기 찬 태풍들 몰려와
산 준령 뿌리 다 뽑히고 뽑힐 때
시퍼런 눈깔 같은 포도알 이죽이며
홀로 술틀을 밟고 있는 사람아,

속이라도 비어 있는 빈 병들을 위하여
혼이라도 비어 있는 바보들을 위하여

눈 귀 비어 있는 저희들을 위하여
빈 바람 웅웅대는 민둥산을 위하여
언 江 하나 끌고 가는 순례자 위하여
아픈 심지 돋우며 홀로
술틀을 밟고 있는 사람아,

갈 곳이 술집뿐인 석탄불을 위하여
떠날 이 없는 오두막을 위하여
치졸들 와글대는 사랑채를 위하여
활자만 줍고 있는 인쇄공을 위하여
이리저리 떠밀리는 장바닥을 위하여
가야금 하나가 절정을 타고
한 줄의 詩가 버림을 당할 때
둔갑으로 꿈꾸는 안개 속에서
홀로 술틀을 밟고 있는 사람아,

잠든 메시아의 봉창이 닫기고

대지는 흰 눈을 뒤집어쓰고 누워

작은 길 하나까지 묻어버릴 때
홀로 술틀을 밟고 있는 사람아,

그의 흰 주의周衣는 분노보다 진한

주홍으로 물들고 춤추는 발바닥 포도 향기는
떠서 여기저기 푸른 하늘
갈잎 위에 나부끼는 소리 누군가는
듣고 있구나

수유리의 바람

자느냐 자느냐 자느냐
떠다니는 혼들은 다 날아와
대학 시절 수유리 숲정이 흔들 때
징그러운 바람 소리 수유리에 매달려
자느냐 자느냐 자느냐
고기비늘처럼 빛나는 야심을 흔들 때
조금씩 깊은 잠들 귀 막고 돌아누워
불덩이 하나씩 따듯한 젊음,
불끈 쥔 두 주먹에 음악도 뽑히고
자느냐 자느냐 자느냐
유리창 부서지고 램프 불 꺼지고
자느냐 자느냐 자느냐
간밤 굳게 잡은 단꿈도 엎어지고
숲이란 숲은 함께 울부짖으며
세차게 세차게 서로 목 부빌 때

자느냐 자느냐 자느냐
한 밑천이 흔들리고 두 기둥이 흔들리고

수멀수멀 수멀수멀 네 벽이 흔들리고
수유리가 흔들리고 도봉구가 흔들리고
인수봉이 흔들리고 서울이 흔들리고
흔들리고 흔들리고
한반도가 흔들릴 때
흔들리고 흔들리고
땅덩이가 흔들릴 때

갈가리 찢기는 우리 실존 그러안고
뉘 모를 곳으로 떠나간 사람들
쨍그렁 쨍그렁 요령이 되어
새벽이슬 마시며 떠나간 사람들
한밤에 가만히 다녀갔구나
가뭄 들린 대학 숲에 흥건한 눈물

성금요일

햇볕 녹이는 마태 수난곡 한 소절이
깊은 숲 잎잎을 문질러 깨운다
남은 몇 소절이 떠가는 빈 하늘
갈보리 솔밭 언저리에서 갑자기
죽은 언어들이 퍼런 침묵을 힘껏
힘껏 흔든다 바람이 일렬횡대가 되어
푸른 뱀처럼 솔밭을 누빈다
육중한 침묵이 솔밭 위로 쓰러지고
강 하나 사이로 떠 보낸 혈흔이
바람에 발리어 돌아오고 있다
만리 밖 하늘이 돌아오고 있다

무덤 돌아보며 떠나는 사람들
검은 수의 속으로
땀 젖은 햇볕이 마구 쓰러진다
수난곡 한 소절이 자취를 감춘 언덕

부활 그 이후(以後)

해원海源에 통곡이 빛발로 일어서는 아침에
　우리들은 바다로 나와 북극에서 가져온 종이를 찢어 날
린다

　흰 눈이 덮여가는 우리들 숲을 향해
　남김 없이 날아가는 종이 새들,
　한 마리만이라도, 그중에서 단 한 마리만이라도
　그렇듯 소중하고 사랑스런 우리들의 새가 탄생되어
　저토록 푸른 하늘과 바다의 노을 지는 들녘에서
　죽어가는 우리들 혼魂과 함께 살아주었으면

　한 마리는 원앙이 되고
　한 마리는 종달이가 되고
　한 마리는 앵무새가 되어
　한 마리는 비둘기가 되어
　혹은 사랑하고 혹은 노래하면서
　더러는 죽어가는 혼을 위해
　한 모금의 신神을, 자유自由를 외쳐주었으면

황막한 밤과 쉬임 없이
꽃피는 침묵의 낮 동안
우리들의 신하는 더더 밀폐된 숲으로 들어가
하늘 뵈지 않는 땅 피로 물드는 제국을 가꾸는가 싶더니
우리들 남루한 옷이 숲 속 높이 솟은 깃발이 되고
오오 네 부정의 손가락 사이마다
무성히 자라오르는 우리들의 나무는
황금의 이슬들로 머리를 감고
불타는 제단 위에 쓰러져 눕는다.
오오, 떨고 있는 혼의 무리
침범된 입술의 가장자리에
우리들의 신하는 죽은 신神의 부활을
묻고 또 묻으면서 억울한 슬픔으로 죽어간
진리를 바람에 휘 휘 날린다
다만, 가슴에서 가슴으로 전해지는
우리들의 부적을 땅 깊이 묻어버리라
지층 깊은 체온으로 뜨거워오는 진실을 열면
지극한 아픔으로 크고 있는 역사

역사의 허젓한 한 모퉁이에서
불타는 갈증으로 찾고 있는 내 신神, 내 신을 달라

어두운 그늘과 추운 거리를 배회하며
보리떡 다섯 개 물고기 두 마리로
충만한 배부름을 나누던 그 흰 손은
어디로 갔느냐,
닭의 홰치는 소리가 들릴 때까지
이 해안海岸의 깊은 골짜기를 서성이는
유랑의 무리들은 바다에 모조리
목 졸린 꿈을 쏟아버리고
기름 다한 램프를 꺼 내렸다.

우리들의 바다는 서서히 미친다
설 곳 없는 혼의 무게로
가눌 길 없는 저의 깊이로
파도는, 파도는
바다를 산다

기(旗)

1

우리들은 그날도 예배실에 모였다
백발이 성성한 노老스승은
옆광 번쩍이는 면도날을 들더니
우리들 교기를 깊숙이 찔렀다
죽음처럼 조용한 눈과 눈에서
무형의 피흘리며 펄럭이는 기,
무모하게 쩔룩이는 우리들 넋 위로
유난히 발갛게 빛나던 십자가

가끔 우리는 예배실로 들어갔다
어둠에 젖어 있는 우리들의 기를 바라보며
성흔聖痕처럼 확실한 우리들의 상처를 스다듬으며
전신全身의 아픔으로 목놓아 울었다.

2

석탄불에 따뜻한 차가 끓는 밤이면
바람은 조금씩 우리를 죽이러 오고

날카로운 비수 같은 것에는 움쩍도 않는
그 겨울바람이 무서워
우리는 제각기 집으로 돌아갔다

우리들이 분홍빛 살을 사랑하는 동안
노스승은 순례의 길에 오르고
저승의 장승처럼 붙박인 기
그 아래 쓰러지는 젊음만 부끄러
부끄러워 하냥 풀릴 길 없는 봄
제단 위의 촛불만 저 혼자 봄을 사뤄
천리 밖 어둠을 마시고 있었다

폭풍 전야(前夜)

- 3. 우리의 믿음 치솟아 독수리 날 듯이

친구여 야훼는 언제나 침묵하셨지
언제까지나 기다림이신 야훼
언제까지나 언제까지나 장벽이신 야훼
열등한 우리의 신념이신 야훼
우리의 위선의 동기가 되신 야훼
비천한 분노에 심장을 맡기는 우리의
대리석 기둥이신 야훼
금술동이의 술잔을 허락하신 야훼
야훼는 그렇게 오해를 허락하셨지
야훼는 그렇게 의혹도 허락하셨지
피 흘림도 난도질도 도피도 허용하셨지

우리는 다시 사도신경을 외우며
삼삼오오 어깨둥지를 틀고
오후 세시의 수유리 골짜기를 오르고 있었어
삼각산 숲정이의 모든 밑둥우리에서
나지막한 오열이 부풀고 있었어

캠퍼스의 정수리에
높다랗게 조기弔旗가 게양되고
검은 하늘에 몇 줄기 획획
마른번개가 꽂히고 있었지
우리는 오후 세시의 문으로 들어가고 있었어
어깨둥지의 시작과 끝에서
개편찬송가 삼백육십팔 장이 들려왔어

뜻 없이 무릎 꿇는 그 복종 아니오
운명에 맡겨 사는 그 생활 아니라
우리의 믿음 치솟아 독수리 날 듯이
주 뜻이 이뤄지이다 외치며 사나니.

약한 자 힘 주시고 강한 자 바르게
추한 자 정케함이 주님의 뜻이라
해 아래 압박 있는 곳 주 거기 계셔서
그 팔로 막아주시어 정의가 사나니.

길게 늘어뜨린 제의 자락에
죄 짐 같은 슬픔이 흔들리고 있었지
고향 땅의 부모님이 가물거렸어
건초 덤불처럼 가죽만 남으신 채
논두렁에 엎드리신 칠순의 아버지,
한 장의 전보에도 새하얗게 질리시는

육순의 어머니가 걸어오고 계셨어
애닯게 손을 젓고 계셨어
그것은 오후 세 시였어
고난 주간 수유리의 오후 세 시,
우리는 제단 앞에 무릎 꿇었지
사납게 포효하는 수유리 바람도
우리의 실성한 젊음도
한 트럭분의 안개를 마신 뒤
빈 깡통으로 고요하였지
몇 마리의 공룡이

유리창 밖에서 게임을 신청하자, 히야
독수리 날 듯한 합창이 시작되고 말았어

서울 사랑

- 말에 대하여

어두워 오는 저녁 일곱시
우리는 수유리 기도원으로 갔다
팔십 년대 두 해를 보내는 심사가
너나없이 답답하고 속수무책이라는 듯
철야 기도회나 가자고 누군가 제의했을 때
아무도 〈아니〉라고 막아서지 못했으므로
여덟 시간 근무를 마친 동료들은
사일구탑 부근을 지나고 있었다

숲 속은 추웠고 적요했다
12월의 보름달이 푸르게 걸린 그곳에는
몇 명의 수도승이 불빛에 엎드려
이 시대의 패배를 독송하고 있었고
우리가 한 발짝씩 다가설 때마다
무한정의 어둠이 바스락거렸다
우리는 되도록 많은 전등을 켜고
어둠을 떨치려 애쓰면서

나란히 나란히 무릎을 꿇었다
〈먼저 나라와 국가를 위하여 그리고
사회와 위정자와 자유 민주 정의를 위하여
철야 기도회를 시작하겠습니다〉(땡~땡)

친구여
우리는 입을 모아 야훼를 불렀다
나라 사랑 앞세워 야훼를 부르고
국가 사랑 앞세워 야훼를 부르고
정치 사랑 앞세워 야훼를 부르고
자유 사랑 앞세워 야훼를 부르고
홍익인간 앞세워 야훼를 부르고
경천 애민 앞세워 야훼를 불렀다
인류 사랑 이웃 사랑 자기 사랑 앞세워
한밤 다 가도록 야훼를 불렀다
보청기를 낀 노인에게 말하듯
있는 목청 다 높여 야훼를 불렀다

한반도 5천 년 내 죄로 아뢰면서
국토 분단 경제 불황 빈부 격차 앞세워
우리는 모두 평화주의자가 되었어
우리는 모두 도덕주의자가 되었어
우리는 모두 완전주의자가 되었어

그러나 친구여
기도회가 끝난 수유리의 새벽 네 시,
우리의 얼굴엔
어제보다 더 짙은 피곤이 서리고
반짝이던 두 눈엔 고드름이 열린 채
어제와 다름없는 타인으로 악수했어
전구에 플러그를 끼웠다 빼듯
기도원은 다시 빈집으로 남았고
우리의 말들도 빈그릇 소리가 났어
참으로 아무 일도 없었다는 듯
삼삼오오 숲길을 내려오면서

단지 밀린 잠에 대해 떠들어댔지
아아 그때 나는 깨닫게 되었지
우리가 한 무데기 로봇이라는 것을,
왜?냐고 강하게 질문해다오
〈말〉과 〈우리〉는 분리되어 있었던 거야
버튼을 누르면 작동하는 말
버튼을 누르면 편리하게 작동하는 몸
말과 몸은 하나라고 믿어 왔는데, 이제
몸과 말의 힘을 믿지 않았고
말은 몸의 집에 거하지 못했어
그것은 각각의 작동일 뿐이야
말이요 몸이신 이유를 알았지
그리하여 친구여
로봇과 분별이 안 가는 나는
로봇과 구별 없는 말을 건네며
새로운 행복에 길드는 중이니
이제는 내 말을 조심하게
이제는 내 시詩를 조심하게

히브리전서(傳書)

한 사나이가 언덕을 오르고 있었습니다. 한 사나이가 언덕을 오르고 한 사나이의 이마에 두 줄기 핏방울이 흐르고 있었습니다.

> 한 사나이가 골고다 언덕을 오르고
> 오르고 오르고 오르다 쓰러지고
> 맨살의 등줄기에 매섭고 긴 채찍이
> 수없이 내리치고
> 불볕 같은 햇빛 아래 사내는 지쳐 쓰러지고
> 갈릴리 해변은 한없이 적막한 바람에 뒤덮이고 아,

한 사내가 골고다 언덕에 다시 쓰러지고 있었습니다. 목말라 비틀거리는 사내는 자기 키보다 더 큰 나무 십자가를 메고 골고다로 골고다로 올라가고 있었습니다. 마리아, 그녀의 한(恨)에 절은 눈물과 가슴을 외면한 채 주검보다 무거운 고독에 짓눌린 마리아 그녀의 폭탄 같은 오열을 외면한 채 사나이는 먼 곳으로 가고 있었습니다.

예수 그리스도 그 사내는
대학을 다닌 적도 없습니다.
부귀를 누린 자도 아닙니다.
권력을 가진 적도 없습니다.
그럴싸한 명사를 만난 적도 없습니다.
가난한 거리와 버림받은 이웃과
냄새나는 유대의 거리 그 천한 백성들의
눈물과 한숨이 있었을 뿐입니다.
율법에 두 발 묶인 죄의 사슬로부터
무섭도록 외로운 삶의 멍에로부터
도망치고 싶을 뿐인 불쌍한 무리들,
동정받을 일밖에 없는 히브리의
단 하나 친구인 그리스도는
가진 것 없는 당신 주제에도 불구하고
끝없이 줘야만 했습니다.
처음엔 기적을, 그다음엔 정신을
그다음엔 영혼을, 그다음엔 그의 전 생애와 주검까지도
죄 많은 유대에게 넘겨줘야 했습니다.

그리고 마지막엔 부활까지라도 그
찢어지게 가난한 히브리에게
무더기로 넘겨준 사내, 멋진 사내 예수.
그는 공부를 많이 한 적도 없습니다.
세도의 가문도 더욱 아니고
오직 별 볼 일 없는 갈릴리 어촌의 목수였습니다.
마지막까지 세상 죄 다 짊어지고
피 한 방울 남김없이 다 쏟아버린
그 사내가 성금요일 오후 세 시
마지막 숨을 거둘 때
성당의 휘장이 갈라지고,
그를 본 영혼들은 한꺼번에 쩍,
금이 가고 있었습니다.

하관

지상에 매인 포승을 풀고
검은 침묵에 싸인 관을 내렸습니다
차디찬 단절과 오열을 젖히며
소낙비 한 줄기 관을 적셨습니다.
세상 시름 씻어가는 보혈의 눈물이여
세상 번뇌 거둬가는 부활의 바람이여
애지중지 키우신 동백꽃 한 송이
마지막 하직길에 합장하니
사방에 흩어진 고별이 일어나
천 가림과 교신하던 문을 닫았습니다.
가슴에 봉분 한 구 솟아버린 사람들이
태어난 젖줄에 종지부를 찍었습니다
오 하느님,
칼을 쳐서 밥을 만들고
창을 쳐서 떡을 만들던 손
그가 여기 잠들었나이다
우리가 주릴 때 먹을 것을 주고
우리가 목마를 때 마실 것을 주며

우리가 곤궁했을 때 기댈 등을 주던 몸
그가 여기 잠들었나이다
하늘 문 열으소서
그의 영혼을 손잡으소서

신 없이 사는 시대의 일곱 가지 복

- 밥과 자본주의

아직도 마음이 가난한 사람아
그래도 너희는 복이 있다
하느님의 얼굴을 보게 될 것이다

아직도 죄 없이 감옥에 있는 사람아
그래도 너희는 복이 있다
진리가 너희를 자유케 하리라

아직도 옳은 일에 주리고 목마른 사람아
그래도 너희는 복이 있다
오고 있는 역사가 너희 것이다

아직도 평화를 위하여 싸우고 눈물짓는 사람아
그래도 너희는 복이 있다
해방의 땅이 너희 것이다

아직도 옳은 일을 하다가 박해받는 사람아
그래도 너희는 복이 있다
정의의 숲이라 이름받게 될 것이다

아직도 생존권 투쟁에 몸 바치는 사람아
그래도 너희는 복이 있다
사람다운 세상에서 웃게 될 것이다

아직도 분단의 장벽으로 고통받는 사람아
그래도 너희는 복이 있다
통일의 하늘에 우뚝 솟을 것이다

광야를 향해 외친 선지자의
절규와 그 파장에 대하여

–

《땅에 쓴 글씨》를 읽고

박동규 문학평론가 · 서울대 명예 교수

《땅에 쓴 글씨》의 시편들을 보면서 한국 현대사의 발전 과정에서 한신대학교 출신들이 어떻게 한국 시에 이바지하는 문학적 성취를 보여주었는가 하는 점에 관심을 가지게 되었다. 그러기에 시편들에 대한 해설보다도 나 자신이 시를 통해 내 영혼의 깨우침과 나 자신의 신앙적 일상이 어떤 것인가를 성찰하는 계기가 되기도 했다. 이러한 나 자신의 마음가짐 속에서 해설이라기보다는 나 자신의 감동 기록을 전하는 것으로 《땅에 쓴 글씨》의 의미를 보여주고자 한다.

《땅에 쓴 글씨》에 수록된 시인들은 모두 한국 기독교 발전사의 문학적 성과를 보여준 분들이다. 이미 세상을 떠난 분들 중 위로 8·15 광복 후 조선신학교에 교장으로 취임했던 송창근 목사님을 비롯해 1953년 한국기독교장로회를 창립하고 1961년에서 1987년까지 한국신학대학 명예 학장을 지낸 김재준 목사와 스코틀랜드 에든버러 대학교에서 철학박사 학위를 받은 김정준 박사와 1944년 조선신학교를 졸업하고 아동 문학계에 헌신한 임인수 시인 그리고 한국신학대학을 거쳐 미국 텍사스 크리스천 대학대학원을 졸업하고 한국기독교문학상 시부문상을 수상한 김경수 시인과 1947년 한국신학대학을 졸업하고 목사 안수를 받은 후 미국 프린스턴 신학교에 유학해 석사학위를 취득하고 한국신학대학과 연세대학교에서 구약을 강의하다 3·1민주구국선언을 기초하면서 유신 독재에 반대하는 투쟁에 앞장선 문익환 목사와 한국신학대학을 졸업하고 1975년 박남수 시인의 추천으로《현대문학》에 데뷔해 시작 활동을 한 고정희 시인이 수록되어 있다.

이분들의 시편들을《땅에 쓴 글씨》로 엮은 것은 한국 기독교 문학의 중심에 이분들이 어떻게 자리하고 있는가를 보여주면서 기독교 사회에 남긴 또 다른 족적을 작품을 통해 보여주기 위함이라 생각된다.

1. 기독교 시와 그 시적 전망

시가 지닌 감동의 파장은 인간의 진실한 생명 가치에 대한 울림을 통해서 이루어지는 것이라고 볼 수 있다. 특히 신

앙의 바탕에서 우러나온 시편들은 이러한 감동의 파장이 일
반적 서정의 정서적 소통에서 머무는 것이 아니라 신과의 교
섭을 통해 더 나은 인간에 대한 열망을 드러내 보여줌으로써
이 감동의 깊이와 파장을 확대하고 있다.

먼저 '송창근' 목사의 시를 보면

나는 아무것도 모릅니다. / 그런데다가 알고 싶지도 않습
니다. / 태초에 어쨌다는 것이나 / 미래에 어찌될 것을 나
는 모릅니다. / 그리고 알려고도 안 합니다. / 찰나만이 내
게 참된 것을 압니다. / 과거도 아니요 미래도 아닌 / 이 찰
나에서만 나는 영원한 세계를 바라봅니다. / 이것이 찰나
의 영원입니다. / 이 한때는 공간을 용납하지 않을 뿐 아니
라 / 시간의 관념까지도 없는 영원한 생명의 찰나입니다. /
이는 일체의 생명입니다 / 혼일무잡渾一無雜한 순수 의식만
이 / 자기를 드러내는 경계입니다 / 초월하면서도 내재하
고 감추면서도 드러나는 경지입니다.

-〈찰나의 영원〉,《송창근전집 1》, 186쪽

이 시에는 자아 부정을 근거로 영원으로 가는 통로를 마련
하고자 하는 시인의 의지가 선명하게 드러나 있다. 시간과 공
간을 초월시키는 순수 의식의 경지는 바로 영원한 세계를 바
라보는 눈을 가지게 하는 힘이다. 그는 평양에 있는 산정현교

회에서 사목을 하다 월남해 부산의 윤락가 고아들을 돌보던 중 수양동우회 사건으로 옥고를 치렀다. 그의 이 삶의 영역은 인간의 고통과 질곡을 이어지는 시간의 연속성에 의존하지 않고 이를 초월해 기독교적 신앙을 통해 치열한 삶의 실천적 미래를 찰나와 영원이라는 예수의 사랑을 통한 구원으로 변형시켜 이를 시로 보여주고 있다. 인간을 지상의 존재로서 실존적 가치를 인정하면서도 인간의 무력함을 혼일무잡의 순수 의식으로 건져 올리는 것은 바로 그가 신앙의 결집된 능력으로의 예수의 손을 잡기 위해서 고통스런 현실을 벗어나게 하는 방법이 되어 있다고 보인다.

그는 시대의 어려운 불행들을 방관자로서의 위치가 아니라 자아의 내면에 축적된 신앙의 집에 거주하는 모든 인간이라는 보편성을 근거로 하느님의 은총이 두루 펼쳐지는 변환을 이 시에서는 보여주고 있다. 따라서 당시의 궁핍했던 전쟁기에서 인간에 대한 사랑을 몸소 실천하는 실천적 의지가 바로 순수 의식의 기독교적 신앙으로 승화된 것이라 할 수 있다. 그의 시가 주는 감동은 바로 자아와 타자 사이에 놓인 간격을 시간의 찰나와 영원이라는 구원의 방식을 통해 위로와 사랑과 소망을 가지게 하는 감동이라고 할 수 있다.

2. 신학과 문학의 관계

삼위일체 하느님은 / 창조주 하느님 / 주님 지은 생명의 씨
/ 억천만대 살고 지고 //

전해주고 전해받아 / 땅 위에 차고 넘쳐 //

우리 주 하느님은 / 정의의 하느님 / 바르게 살라 하고 / 다

시 다시 분부하며 / 義 세워 법 만드신 / 정의의 하느님 //

우리 주 하느님은 / 속량의 하느님 / 한 마리 잃어진 양 /

찾고 찾아 품에 안고 / 큰 잔치 베푸시는 / 사랑의 하느님

－〈우리 주 하느님은〉,《김재준 전집 17》, 41쪽

장공 김재준 박사는 한국 신학의 새로운 장을 열고 그 뿌리를 내리게 한 신학자이다. 그의 공적은 이미 다 알려져 있는 일이다. 그가 쓴 시편들은 먼저 신앙의 기본이 나 안에서 머물지 않고 나와 다른 이들과의 소리로 전파되어 하나의 새로운 신앙의 울림으로 번져야 하는 것임을 보여준다. 흔히 시에서 자아와 사물과의 동일성을 통해 서정적 자아의 형상을 만들어내고 있지만 장공 박사의 시에서는 나와 타자와의 사이에 하느님이 개입해 그 관계에서 삶의 실행적 과정을 어떻게 지녀야 하는지를 말하고 있다. "정의의 하느님은" "바르게 살라 하고" "의 세워 법 만드신 정의의 하느님"은 바르게 살라는 지침의 근거가 되고 있다.

단순히 나의 구원을 기원하는 기독교가 아닌 나와 함께 살아가는 세상을 구원하는 기독교 정신의 구현을 형상화하고 있다. 그의 이러한 시편들 속에 담겨져 있는 의미는 "한 마리 잃어진 양"을 찾아내서 함께 살아가야 하는 실천적 삶의 목표를 하느님을 통해서 깨닫고 실행하는 인간의 세계를 전망하고 있다. 그의 이러한 시편들은 넘치는 서정적 가락의 소리로 포장되어 있지만 이 서정은 가슴의 깊은 곳에서 울려오는 혼의 울림으로 하늘과 땅을 적시는 구원의 통곡으로 느껴지게 한다. 한국 시사에 있어서 신앙 시가 가지는 목표가 어떠해야 하는가에 대해 새로운 지평을 보여주는 것이라 할 수 있다.

3. 한국적 신학과 시적 표현의 기독교적 해석

김정준 박사는 서정성을 바탕으로 한 시편들을 보여주고 있다. 마치 노래하듯이 호소의 숨결을 지닌 그의 시는 감성의 유로를 표현의 절제라는 시적 방법을 통해서 보다 강력하게 드러내는 힘을 가지고 있다. 이는 논리적 체계가 가지고 있는 설득을 벗어나 자아의 성찰을 통한 또 다른 서정적 인간의 감성을 그가 가지고 있지 않았나 하는 생각을 가지게 한다. 이는 설교할 때 목회자들이 지닌 목소리의 톤처럼 논리를 녹여서 서정으로 감추는 시적 변용의 방식을 신앙 시 안에 담고 싶어 했기 때문이라 생각할 수 있다.

내가 죽는 날! / 그대들은 "저 좋은 낙원 이르니" 찬송을 불러주오. /

또 요한계시록 20장 이하 끝까지 읽어주오. / 그리고 나의 묘패에는 이것을 새겨주오. / "임마누엘" 단 한마디만을! //

내가 죽는 날은 비가 와도 좋다. / 그것은 / 내 죽음을 상징하는 슬픈 눈물이 아니라 / 예수의 보혈로 내 죄 씻음을 받은 감격의 눈물! //

내가 죽는 날은 / 바람이 불어도 좋다 / 그것은 / 내 모든 이 세상 시름을 없이 하고 / 하늘 나라 올라가는 내 길을 준비함이라. //

내가 죽는 날은! / 눈이 부시도록 햇빛이 비춰어도 좋다. / 그것은 영광의 주님 품에 안긴 / 내 얼굴의 광채를 보여줌이라! //

내가 죽는 시간은 / 밤이 되어도 좋다. / 캄캄한 하늘이 내 죽음이라면 / 거기 빛나는 별의 광채는 / 새 하늘에 옮겨진 내 눈동자이리라! //

오! 내가 죽는 날, / 나를 완전히 주님의 것으로 부르시는 날, / 나는 이날이 오기를 기다리노라. / 다만 주님 뜻이면 / 이 순간에라도 닥쳐오기를! / 번개와 같이 닥쳐와 번개와

함께 사라지기를! //

그다음은 내게 묻지 말아 다오. / 내가 옮겨간 그 나라에서

만 / 내 소식 알 수 있을 터이니, / 내 얼굴 볼 수 있을 터이니!

- 〈내가 죽는 날 - 어느 요우가 나의 죽음에 대하여 묻기에

그 답으로 지은 글〉,《선한목자》, 1947년 10월에 게재

누가 박사의 죽음에 대해 견해를 묻는 물음에 답으로 지은 시라는 부제가 붙은 시다. 이 시는 그가 어떻게 죽음의 문 앞에서 응답할 것인가를 보여주고 있는 점이 독특하다. 그가 선택한 죽음 앞에서 비명처럼 쏟아내는 숨소리는 "임마누엘" 단 한마디뿐이다. 그러나 이 "임마누엘"의 내포 속에는 인간이 죽음 앞에서 겪게 되는 전신적 고뇌의 굴곡이 그대로 드러나 있다. 먼저 그는 "비가 와도 좋다" 혹은 "바람이 불어도 좋다" "눈이 부시도록 햇빛이 비춰어도 좋다" "밤이 되어도 좋다"는 자연과 자아의 대면 관계를 그대로 노출하고 있다. 그가 이 자연과의 관계를 시적 도구로 사용한 것은 다름 아닌 순응적 생명 가치에 대한 겸손한 고백이라고 생각된다.

흔히 우리가 시에서 바라는 바를 자연에 입혀서 그의 전망을 드러내 보여주는 경우가 많다. 김 박사는 이 시적 형상을 변용해 인간과 죽음이라는 사이에 놓인 이별의 광장에 기원의 간절한 소망을 자연의 순리적 변환을 통해 옮겨 놓고 있다. 이는 그가 이 세상에 살았던 것에 대한 스스로의 인식이 "예

수의 보혈로 내 죄 씻음을 받은 감격의 눈물"로 집약되어 있음을 말해주는 것이다. 오로지 얼굴의 광채와 빛나는 눈동자로 저 하늘로 가는 기쁨을 노래하고 있다. 이는 그가 얼마나 예수의 보혈을 통한 새로운 자아의 탄생을 기뻐하며 현세를 떠날 준비를 하고 있는가를 말해주는 것이지만 시에 있어서의 해독은 자아의 소멸을 통한 또 다른 자아의 생성이라는 전망을 그의 시가 가지고 있는 것임을 보여주는 것이다.

4. 신앙, 사랑, 소망의 시적 형상

임인수 작가는 어린이들에게 동화를 통한 기독교적 선의 실천을 형상화한 작품을 보여주었다고 전해지고 있다. 그의 작가 정신은 신앙의 실천적 사랑과 미래적 소망을 허구적 이야기 틀을 통해서 드러내 보여줌으로써 그가 생명으로 안고 사는 기독교 정신의 고향을 꿈꾸었다고 보인다. 많지 않은 그에 시 속에서 다음 한 편을 보기로 한다.

언젠가 꽃은 / 또 피어 있구나 //

돌아가는 길마다 / 고이 흩어져 //

나의 마음이 이렇게 / 정에 뜨는가 //

얼굴이 꽃처럼 붉던 소년들 모두 / 이 고장이 소슬蕭瑟하여

못 견디겠다고 / 떠나버린 뒤 //

이제 정말로 늙으신 부노父老들만 / 남아 계신가 //

이 아름다운 풍토風土하며 / 논밭으로 가는 길 //

몇 해만이라도 / 돌아와보면 나는 / 시름에 겨워버린다. //

주저앉아 가다가 말고 / 꽃은 피어 있구나 / 꽃은 피어 있

구나.

- 〈귀향초歸鄕抄〉

이 시는 고향을 떠났다가 다시 고향을 찾은 감회를 마음의 그림으로 보여주고 있다. 이 시에서 그는 부모와 동네 노인들이 남아 있었던 흔적들만 돌아보고 있다. 그리고 얼굴이 꽃처럼 붉었던 소년들이 다 떠나고 난 공허한 고향의 풍경에 허무함을 토로하고 있다. 그러나 이 허무함은 좌절과 절망의 고향이 아니라 인간 회복의 또 다른 회로를 찾아 승화되어 있다. 이는 "꽃은 피어 있구나 꽃은 피어 있구나" 하고 절규하는 그에 외침은 인간의 모든 삶을 하느님의 섭리로 다스린다는 긍정적 구원 의식이 꽃이라는 형상을 통해서 영원히 살아있음을 소리치고 싶었던 것이라 생각된다. 그의 이러한 긍정적 구원 의식은 그의 문학 정신의 중심에 자리 잡아 어떤 문학적 성취를 꿈꾸었는가를 말해주고 있다.

임의 얼굴을 / 보는 때부터 // 나는 언어言語를 잊었노라 //

175

어찌하여 마음은 / 이다지 타 오르고 //

종소리와 같이 / 울려오는 숨결 //

이 영원에의 자세姿勢 / 목숨이 가지는 / 오늘의 절정絶頂.

–〈초상肖像 앞에서〉

이 시에서는 임과 나와의 대면을 통해서 영원의 자세와 목숨이 가지는 오늘의 절정을 노래하고 있다. 언어를 뛰어넘는 목숨의 소리를 그가 임 앞에서 고백하게 하는 것은 그의 신앙의 절정을 노래하는 것이고, 이를 통해서 그는 살아있음에 절정을 맛보고 있는 것이다. 이 시에서 특별히 주목할 점은 "초상 앞에서"라는 제목의 암시처럼 보이지 않는 예수의 초상을 가슴에 품고 살아가면서 찾게 되는 마음의 변화와 숨결의 아름다운 곡조를 시로 드러내 보여주고 있는 것이다. 이는 임인수 작가가 얼마나 깊은 신앙의 열정을 문학과 접목해 형상화하려고 했는가를 보여주고 있다고 하겠다.

5. 현실과 신앙의 눈

김경수 시인은 시어의 암시적 내포성 속에 시간의 축약과 확대를 통한 신앙의 영원성을 노래하고 있는 점이 그의 개성적 문학관이 아닌가 생각된다. 그가 한국에 기독교 시의 가능성을 모색하면서 서정적 자아의 적립을 어떻게 시로 구현하고 있는가를 살펴보면 그가 드러낸 시관에서 찾을 수 있다.

> 한 편의 시를 위하연 / 밥맛도 잊어야 한다. //
>
> 한 편의 시를 위하연 / 깊은 밤도 뜬눈으로 새야 한다. //
>
> 한 편의 시를 위하연 / 목숨도 웃음으로 땅에 묻을 수 있어
>
> 야 한다. //
>
> 한 편의 시를 위하연 / 까마득히 먼 길을 가야 한다. //
>
> 한 편의 시를 위하연 / 몇만 권의 책과 창세기 첫 장에서 /
>
> 요한계시록에 이르는 길이의 / 머난먼 여행과 비바람과 /
>
> 눈보라에도 익숙해야 한다. //
>
> 한 편의 시를 위하연 시간과 영원히 맞서는 자리에 내 거처
>
> 를 정해야 한다.
>
> —〈한 편의 시를 위하연〉

이 시에서 드러나 있는 명제는 한 편의 시라는 함의적 상징성이다. 이 시는 삶의 영역 안에 담겨진 인간의 감정이 아니라 인간 생명의 뒤편에 숨겨진 세계와 그 의미의 총체를 시라는 형식으로 담아내기 위해서 해야 할 당위적 조건을 열거하고 있다. 즉, "밥맛도 잊어야 한다"는 것은 일상적 삶의 세계를 초극해야 한다는 뜻이고, 또 "목숨도 웃음으로 땅에 묻을 수 있어야 한다"는 것은 목숨조차 웃으며 내놓을 수 있

는 자기 소멸의 경지를 가져야 한다는 것이다. 그리고 "시간
과 영원히 맞서는 자리에 내 거처를 정해야 한다"는 것은 자
아의 존재 문제를 어떻게 대면해야 하는가 하는 문제를 보여
주고 있다.

그에게 있어서 시는 단순히 일반적 양식의 삶에 대한 진실
을 의미하는 것을 벗어나 신의 존재 앞에 자아 연소를 통한
모든 것의 잔재까지도 내놓을 수 있는 마지막 언어로서의 신
앙이 되어야 한다고 할 수 있다. 그의 시관이 한 편의 시라는
좁은 언어의 축약된 시적 의미체로 존재하기보다는 시인과
나 사이에 거리를 암묵적으로 함께 가야 할 지고지순의 기도
로 만들고 있음은 그의 시적 기법의 개성이라 할 수 있다.

6. 인간과 신의 상관성

문익환 목사의 시편은 신기롭기도 하다. 그가 긴 감옥 생
활 속에서도 어떻게 분노의 질곡을 건너 시라는 형식의 언어
로 그의 이성적 논리가 아닌 서정적 감정의 토로를 보여줄
수 있었는가 하는 점은 참으로 놀라운 일이라 할 수 있다. 그
가 시로서 보여주고자 하는 것은 세상을 향한 문 목사의 뒤
편에 누가 그를 떠밀어 세상을 향해 서게 했는가 하는 것을
밝혀주는 단서들이다.

당신은 언제나 내 뒤에 계십니다. / 그래서 나는 당신의 얼
굴을 뵌 일이 없습니다. / 눈을 감고 친지들 생각에 잠겨 있
을 때면 / 당신의 숨소리가 들리긴 하죠. //
사방 벽을 쳐다보며 외로워질 때면 / 당신의 숨소리는 한
숨으로 변하죠. / 이른 새벽 창가에 불려 나와 샛별을 쳐다
볼 때면 / 당신의 눈도 말게 빛나겠지요. //
황홀한 저녁노을이 마음에 젖어들 때면 / 당신의 눈에도
눈물이 고이겠지요. / 저 마당에서 서성이는 퍼렁 옷 죄수
들을 굽어보고 있을 때면 / 당신의 얼굴엔 보나마나 분노
가 스치었겠지요. //
당신은 언제나 내 뒤에 계십니다. / 그래서 나는 당신의 얼
굴을 뵌 일이 없습니다. / 그러나 잠자리에 들었을 때만은
/ 당신은 꿈으로 내 속에 들어오시죠.

－〈당신은 언제나 내 뒤에 계십니다〉

문익환 목사는 고백적 시 형식을 통해서 그가 견뎌내야 했
던 현실의 어려운 길을 드러내 보여주고 있다. 그가 강인한
정신과 비할 수 없는 신앙의 깊은 혼으로 누구도 감당하지
못할 정의의 빛나는 횃불을 들 수 있었던 것은 바로 그의 뒤
에 있는 하느님 모습 믿고 의지하기 때문이라고 느끼기 때
문이다. 그가 "사방 벽을 쳐다보며 외로워질 때"라는 현실적
막혀진 공간 안에서 그를 건져 올리는 몇 가지 구원의 양식

은 "당신의 숨소리"가 되고 또는 "당신의 눈"이 되고 "당신의 얼굴"이 되어 있다.

그러나 당신이라는 말의 의미는 한 번도 얼굴도 본 적 없으면서 꿈으로 자신의 가슴속에 드러내 보여주는 허상으로 그려져 있다. 이 허상은 바로 신앙의 정점에서 그가 얻은 하느님의 형상이고 이 형상은 그의 실천의 삶에 녹아든 보이지 않는 의미체이기도 하다. 그래서 그에게는 등을 떠밀어 현실로 나가게 하는 당신이 있었기 때문이라는 고백을 토로하게 된 것이라 보인다. 항상 그의 뒤에 계시는 분이 있었기에 그에 삶의 모든 행로를 주관할 수 있었다는 사실은 바로 기독교 신앙의 시편들이 고백의 양식을 마련해 신의 은총과 자신의 존재를 가치 있게 드러나게 보여주는 방식으로 성립하고 있음을 말해준다. 문 목사는 울음을 웃음으로 바꾸고 세속의 모든 고통을 맑은 눈으로 씻어낼 수 있었던 것은 이러한 신앙의 저편에 존재하는 신에 대한 확신 때문이다.

7. 절망하지 않는 사랑의 노래

고정희 시인은 박남수 시인의 추천으로 《현대문학》에 등단했다. 그의 등단 작품인 〈부활과 그 이후〉에서 이미 알아볼 수 있게 기독교적 세계관을 중심으로 자아의 존재 양식을 보여주고 있다. 특히 그는 절망이라는 인간이 가진 뿌리칠 수 없는 삶의 어두운 세계를 사랑이라는 신앙의 색깔로 채색해 진실한 삶을 갈구하는 시를 보여주었다.

상한 갈대라도 하늘 아래선 / 한 계절 넉넉히 흔들리거니 /

뿌리 깊으면야 / 밑둥 잘리어도 새순은 돋거니 / 충분히 흔들

리자 상한 영혼이여 / 충분히 흔들리며 고통에게로 가자 //

뿌리 없이 흔들리는 부평초잎이라도 / 물 고이면 꽃은 피

거니 / 이 세상 어디서나 개울은 흐르고 / 이 세상 어디서

나 등불은 켜지듯 / 가자 고통이여 살 맞대고 가자 / 외롭

기로 작정하면 어딘들 못 가랴 / 가기로 목숨 걸면 지는 해

가 문제랴 //

고통과 설움의 땅 훨훨 지나서 / 뿌리 깊은 벌판에 서자 /

두 팔로 막아도 바람은 불 듯 / 영원한 눈물이란 없느니라 /

영원한 비탄이란 없느니라 / 캄캄한 밤이라도 하늘 아래선 /

마주 잡을 손 하나 오고 있거니

-〈상한 영혼을 위하여〉

　　이 시에서 찾을 수 있는 고정희 시인의 시적 개성은 고통을 겁내지 않고 고통에 맞서 고통과 함께 살아간다는 명제를 보여주고 있다는 점이다. 고정희 시인은 현실의 무거운 짐들을 풀어놓는 것이 아니라 짊어질 수 있다는 것을 결연하게

181

보여주고 있다. 그의 이러한 현실 인식은 바로 그가 지닌 신앙의 깊이에서 건져 올린 확신의 전망성을 가지고 있기 때문이라 보인다. 이 시에서 등장하는 현실의 형상은 "상한 갈대"나 "뿌리 없이 흔들리는 부평초잎" 등이다. 그리고 이들은 "밑둥 잘려도 새순이 돋거나" "물 고이면 꽃은 피거니"라는 치유의 영상을 관계 지음으로써 그가 바라는 전망의 세계를 형상화해 보여주고 있다. 그러나 이는 단순한 치유에 그치는 것이 아니라 고통에 맞서 나아가게 하는 신앙의 절절한 노래를 창출하고 있는 것이다.

"가자 고통이여 살 맞대고 가자 외롭기로 작정하면 어딘들 못 가랴 가기로 목숨 걸면 지는해가 문제랴"로 드러나 있는 결연한 의지는 고통을 벗어나는 것이 아니라 고통 속에서 구원을 갈망하는 인간 존재의 처절한 자기 싸움을 그대로 드러내고 있다. 결국 "영원한 눈물"도 "영원한 비탄"도 없다는 인식으로 변환해 희망의 저편을 꿈꾸는 것은 바로 "마주 잡을 손 하나 오고 있거니"라는 믿음 때문임을 알 수 있다.

이러한 시적 구조는 그에 시를 단순히 시적 의미체로서 해독하는 방법을 벗어나 신앙 시의 형식으로 승화시킨 한 방법이 되고 있다. 고정희 시인의 시야말로 한국 기독교 시편들 속에서 세련된 시적 형상을 통한 의미 층계의 확대를 가져오고 그것이 신앙 시의 한 지평을 마련한 것임을 우리가 알 수 있다. 또 그는 기다림의 미학을 종교적 형식의 탈자의 경지로 끌어올리고 있다. 그는 항상 나와 너라는 상관 속에 너에게로 가려하고 기다리고 그리워하는 대타적 양식을 도입해 하느님의 무릎 앞에 다가서려는 깊은 신앙의 열정을 아름다운 시적 언어로 변용해 보여주고 있는 것이다.

끝으로 한신대학교를 중심으로 한 신앙인의 시에는 두 가지 양식을 볼 수 있다. 하나는 신앙의 편린들이 언어를 통해 노래로 드러난 것이고, 또 하나는 시의 형식을 통해 자신의 신앙적 고백을 형상화한 것이라 보인다. 이 둘은 겉과 속처럼 서로 상호 교섭을 통해 한국 기독교 시의 위상을 높이는 데 중심적 역할을 하고 있음을 보여준다.

오늘 우리 사회 안에 참다운 신앙 시가 혼을 울리고 우리의 손을 잡고 신에게로 끌고 가는 감동의 울림으로 다가오고 있는지 생각해본다. 신앙 시가 지향하는 바가 영혼, 사랑, 인간, 소망 등의 모든 기독교적 이상의 구현이라고 할 때에 시와 신앙 시의 차별은 신에게로의 지향이 어떻게 용해되어 있는가에 주목하는 것이 중요한 일이라 생각된다. 한국 시단에 신앙 시가 삶의 명정한 진실이 어떻게 구현되고 있는가를 살펴보는 길에 이들의 시편들이 기여하고 있는 무게를 다시금 느낀다.

◆ 도움을 주신 분들 ◆ ◆

경건과신학연구소
장공 김재준 목사 기념사업회
김경수 시인 유족
고정희 시인 유족
문익환 시인 유족
임인수 시인 유족
사계절출판사
또하나의문화
민음사